DETOX EMOCIONAL

DETOX EMOCIONAL

Cómo sacar de tu vida lo que te impide ser feliz

Silvia Olmedo

 Planeta

Obra editada en colaboración con Editorial Planeta – España

Diseño de portada: Silvia Olmedo
Diseño y formación tipográfica
de interiores: Elizabeth Gómez y Silvia Olmedo
Fotografía de portada: Johnny Lopera
Fotografía de interiores: Pavel Anton
Ideogramas de interiores: Silvia Olmedo

© 2016, Silvia Olmedo
© 2016, Editorial Planeta, S.A. – Madrid, España
Ediciones Temas de Hoy, sello editorial de Editorial Planeta, S.A.

Derechos reservados

© 2016, Editorial Planeta Mexicana, S.A. de C.V.
Bajo el sello editorial PLANETA M.R.
Avenida Presidente Masarik núm. 111, Piso 2
Colonia Polanco V Sección
Deleg. Miguel Hidalgo
C.P. 11560, Ciudad de México
www.planetadelibros.com.mx

Primera edición impresa en España: mayo de 2016
ISBN: 978-84-9998-527-5

Primera edición impresa en México: noviembre de 2016
ISBN: 978-607-07-3716-9

Impreso en los talleres de Litográfica Ingramex, S.A. de C.V.
Centeno núm. 162-1, colonia Granjas Esmeralda, Ciudad de México
Impreso en México – Printed in Mexico

*A todas las personas que iluminan nuestras vidas
y en especial a Paula García Marín,
Martina García Marín,
Sol Serrano Castrillo,
Gía Borguetti,
y Silvia Echeverría Aparicio.*

Liam Mac Mahon y su madre os dedican este libro.

ÍNDICE

TOXICIDAD DIGITAL

CÓMO ENFRENTARSE A LOS AMBIENTES TÓXICOS

CÓMO ACABAR CON LA TÓXICIDAD EMOCIONAL

INTRODUCCIÓN

Salvo en ocasiones puntuales en las que experimentamos dolor o nos sentimos amenazados, la mayoría de nosotros, al igual que los animales, nacimos para ser felices. Y no estoy hablando de una felicidad como la que describe Hollywood en sus películas, donde parece que estamos drogados con éxtasis o anunciando pasta de dientes, sino de aquella que podemos disfrutar todos los días.

La vida tiene momentos de placer y de dolor y, entre medias, momentos de rutina diaria que podemos paladear, degustar y que nos hacen sentir bien. Si esto es así, ¿por qué cada vez estamos más preocupados por todo? ¿Por qué reaccionamos de manera desproporcionada y agresiva con gente que no se lo merece? ¿Por qué nos cuesta dormir? ¿Por qué nos obsesionamos con competir, compararnos y escuchar chismes absurdos? ¿Qué falta en nuestra vida que nos está causando tanto sufrimiento? La respuesta no está en lo que nos falta, sino en lo que nos sobra.

El día a día está lleno de cosas que nos hacen daño de manera gradual, sin darnos cuenta, se van acumulando en nuestro organismo, haciendo que nos enfermemos, incluso puediendo acabar siendo letales. No es casualidad que ahora muchos productos se vendan por lo que no tienen: sin conservantes ni colorantes, sin lactosa o sin gluten.

Estamos en la era de quitarnos todo aquello que nos contamina. Sabemos que hay que sacar las sustancias tóxicas de la comida y muchos estamos volviendo a los productos orgánicos o biológicos. También somos conscientes de la contaminación ambiental y estamos reduciendo la emisión de gases, pero, ¿qué hacer en el plano emocional?

La toxicidad emocional tiene un mecanismo de acción casi perverso, no la vemos venir, entra en nuestra vida sin que nos demos cuenta y se instala sin que sepamos reaccionar a tiempo. No funciona como un veneno potente que te mata al instante, sino que va penetrando poco a poco en tu sistema. De manera gradual vas haciendo pequeñas concesiones que cambian totalmente la dirección donde querías ir, que te llevan a un sitio donde nunca quisiste estar y a ser una persona que nunca quisiste ser.

Más que abrirte los ojos, este libro cambiará tu forma de enfocar las cosas, será como si llevaras gafas de aumento que resaltan lo que te está envenenando emocionalmente. Te ayudará a identificar qué cosas de tu estilo de vida, de tus relaciones y de tus creencias te están haciendo daño. Descubrirás qué tóxicos emocionales te impiden disfrutar la vida. Unos pueden hacerte daño a ti o a los que quieres, otros te aíslan y otros literalmente pueden llevarte a la más profunda oscuridad emocional e incluso a la muerte.

Lo que te propongo es un plan de desintoxicación o depuración emocional. Vas a explorar las cuatro dimensiones de tu vida que pueden volverse más tóxicas: los pensamientos, las relaciones, los ambientes y los medios digitales. A través de esta lectura vas a ir al epicentro de lo que causa la mayoría de los terremotos emocionales: tus creencias tóxicas. Si los pensamientos generan una emoción y las emociones crean reacciones en la conducta y en nuestro cuerpo, la pieza clave en este proceso será identificar las atribuciones y creencias erróneas que tienes sobre ti y lo que te rodea.

Ya que gran parte de lo que somos se debe a nuestras relaciones, también vamos a sumergirnos en la naturaleza de tus amistades. ¿Por qué sigues siendo amigo de esa persona que te envidia? ¿Te has puesto a pensar cuál es el precio emocional de tener cerca de ti gente que sufre con tus éxitos? Tampoco se puede dejar de lado el tipo de relación que tienes con tu pareja, por eso vamos a analizar qué tipo de concesiones y pensamientos dañinos tenemos en nuestra relación de pareja. ¿Eres de los que justifica un maltrato diciendo que se portó así porque le pusiste nervioso?

Otra fuente de daño emocional es la intoxicación digital. Hace poco más de diez años que entraron en nuestra vida los teléfonos "todo incluido". No solo pueden hacer llamadas, sino también mandar fotos, videos o mensajes de texto. Sin darnos cuenta, la mayoría estamos, en mayor o menor medida, intoxicados digitalmente. Esto no parece preocuparnos mucho, pero si te dijera que algunos tienen una dependencia mayor a su Whatsapp que el ludópata al juego, y que el subidón y la activación cerebral al llegar el mensaje que esperan es parecido al subidón cerebral del adicto a la cocaína, ¿qué me dirías? Si te dijera que algunos de los culpables del insomnio, de la falta de memoria, de la irritabilidad y del trastorno explosivo intermitente son tu celular, computadora o iPad, y que muchas relaciones de pareja se hubieran salvado de poner freno a tiempo a los medios digitales, ¿qué pensarías?

Con este tipo de tecnologías todavía estamos a tiempo y podemos poner límites para que no intoxiquen nuestro entorno y, sobre todo, para proteger a los más jóvenes.

En una sociedad que define quien eres por el trabajo que tienes, no he querido dejar de lado el ambiente laboral. ¿Eres de los que dan gracias por tener trabajo aunque éste te haya comido tu vida familiar y tiempo libre? Si gradualmente antepones los intereses de la empresa o los de tu jefe a los tuyos, si dejas que tu trabajo invada tus espacios personales, llegará un momento en que éste te dañará tanto que acabarás dando el control de tu vida a la empresa, dejándote maltratar y en muchos casos enfermándote gravemente. En estos entornos, aparentemente inofensivos, hay que aprender a identificar las dinámicas tóxicas para sacarlas de tu vida o, si no es posible, poner tus límites para evitar que te lastimen.

Después de leer este libro va a ser difícil que lo dejes en la sección "leídos y olvidados" de tu librería. No hay marcha atrás porque no volverás a ver todo como antes, lo aprendido en sus páginas se implantará en tu cabeza como un chip con el que te será imposible estar ciego a personas y ambientes que te hacen daño. ¿Antes ignorabas que había tóxicos en tu vida que te hacían sentir o comportarte de una manera que no deseabas?, pues ahora tu chip te hará saltar cuando intentan acceder a tu vida y les limitarás el acceso. Puede que llegues a conseguir que no te vuelvan a hacer daño o incluso sanar heridas emocionales, en este caso se requiere de mayor voluntad por parte tuya y el trabajo duro empezará cuando acabes este libro. Aquí tienes las herramientas y con tu esfuerzo el triunfo, será solo tuyo.

Notas

lo provocas
Me vas a matar
a disgustos
te dije que no
lo intentaras
te eso, no me lo dijiste
PORQUE LO DIGO YO
Siempre... dicho
que no vales
para esto
NO ENTIENDES
estas cosas
hubieras hecho caso
hubiera salido mal
sé lo que Yo soy el único
conviene que te quiere
CON ESA ACTITUD NO VAS
LLEGAR A NINGÚN SITIO
odías hacerlo por mí
que no te cuesta n

RELACIONES TÓXICAS

Nuestras relaciones van a ser determinantes para definir quiénes somos y nuestro destino. El viejo dicho «dime con quién andas y te diré quién eres» nunca ha estado más vigente. Por eso es importante conocer de quién nos rodeamos y con quién estamos más en contacto. Según Jim Rohn, acabamos convirtiéndonos en la combinación de las cinco personas con las que pasamos más tiempo, hasta tal punto que no solo terminamos comiendo como ellos, sino también hablando como ellos, viendo lo que ellos ven e incluso tratando a la gente del mismo modo. Cuanto más robustos son nuestros valores y más robustos seamos emocionalmente, menos influenciables vamos a ser o, mejor dicho, los valores de las otras personas pasaran por el filtro de los nuestros, integrando solo aquellos que están en línea con nosotros y desechando los que no lo están. El problema se presenta cuando las personas que nos rodean, a veces sin darse cuenta, no respetan nuestros valores y empiezan a romper nuestros límites e invadir nuestros espacios. Se apoderan de nuestra vida porque la mayoria de las veces nosotros, conscientemente o no, se los permitimos.

Por lo general, la toxicidad emocional que tiene más secuelas, si no se lidia con ella a tiempo, es la que generamos con los padres. En la niñez forjamos los pilares de nuestra robustez emocional, y en su construcción ellos son los que más contribuyen.

Existen casos extremos en los que un solo individuo puede cambiar completamente el curso de nuestra vida, sobre todo cuando somos más jóvenes, ya que el impacto que puede dejar una persona tóxica es mayor cuanto menos maduros emocionalmente seamos. De ahí que en la adolescencia, cuando para muchos jóvenes los amigos se vuelven familia, un amigo cercano pueda cambiar su destino. En muchos casos de adicción, es el amigo quien lo introdujo en el mundo de las drogas o lo incitó a cometer un delito. A muchos no les atraían las drogas, pero se sintieron forzados a probarlas para evitar la presión grupal y no sentirse rechazados por los amigos.

Una pareja también puede acabar destruyendo el futuro de una persona, hasta tal punto que existen personas para las que haber conocido a su pareja supone un antes y un después en su historia de vida. El efecto puede ser tan devastador que la persona acabe con su autoestima rota, víctima de una adicción o sumida en una depresión profunda.

Y ahora que el éxito en la vida está basado en el éxito laboral, los colegas del trabajo y los jefes han pasado a ser grandes constructores y destructores de personas. Tuve la oportunidad de encontrarme fortuitamente en el aeropuerto con una compañera de la facultad. Cuando yo convivía con ella era una estudiante brillante. Incluso durante esa conversación llegué a reconcer que, por mucho tiempo, le había tenido cierto recelo por haber sido la escogida para hacer prácticas en una gran empresa de consultoría. Para mi sorpresa, entre lágrimas me confesó que fue la peor experiencia de su vida y que se habían ocupado de destrozar toda su seguridad. Tuvo que pedir una baja laboral y luego resignarse a tener un trabajo que no la estresara, truncando así el futuro tan brillante que tenía.

Desafortunadamente, existen personas impuestas por las circunstancias imposibles de evitar y que pasan a formar parte de tu vida laboral o familiar. Tal vez no podamos decidir si forman parte de nuestra vida, pero podemos aprender a establecer límites emocionales y minimizar su efecto nocivo. También podemos aprender a identificar a tiempo a las que no nos hacen bien o no aguantamos. Y hablando de no aguantar, hay gente que no soportamos que no solo no son tóxicos, sino que podrían suponer un reto que nos haga crecer. El aprender a trabajar y a convivir con gente que piensa distinto a nosotros o no comulgan con nuestros valores, nos puede enseñar mucho sobre nosotros e incluso, descubrir facetas de nosotros mismos que rechazamos o tapamos por no querer lidiar con ellas, esta forma de pensar está en línea con:

> "Lo que te choca te checa".
> "Lo que te revienta te tienta".

Si eres de los que una persona te irrita aunque no te haga daño su mera presencia, aprenderás mucho de ti si tratas de identificar qué es exactamente lo que no te gusta de ella y por qué te genera ese tipo de emociones .

También hay que aprender a distinguir entre las personas que nos pusieron en una situación dolorosa, pero que pasado ese proceso nos dejaron un aprendizaje, de aquellas que destrozaron una parte de nosotros, por eso es importante que tengas en cuenta esta regla de oro.

> Las personas deben de dejar huella,
> pero nunca cicatrices.

Antes de seguir leyendo el libro, toma una hoja, dibújate en el centro y escribe «yo». Alrededor haz una lista de todas las personas que te rodean. Las que estén más próximas emocionalmente pon su nombre más cerca de ti y las que estén más alejadas emocionalmente ponlas más lejos. Luego, rodea con un círculo aquellas que te están causando sufrimiento, cuanto más te hagan sufrir mayor debe ser el círculo. Por ejemplo, tu jefe puede estar lejos de ti emocionalmente, pero si lo rodeas con un círculo grande te puede estar causando sufrimiento, aunque nunca tan grande como la gente cercana a ti. Si la gente más cerca de ti tiene la mayoría grandes círculos, la probabilidad que sufras de gran toxicidad emocional es alta. Lo ideal es que nadie de los que has incluido tenga un gran círculo, pero si hay más de dos grandes círculos, tu grado de intoxicación emocional es muy alta y, consecuentemente, de infelicidad.

Después de haber dibujado el círculo de tus relaciones, quizás te hayas quedado con un mal sabor de boca y tengas la impresión de no haber tenido suerte con tu pareja o a la hora de elegir tus amistades. También puedes sentirte indefenso ante un jefe tirano, un colega envidioso o una suegra que se mete en todo. Aunque te sientas mal ¡vas por buen camino!, ese es precisamente el objetivo, darse cuenta primero de qué

personas tienen un efecto dañino sobre ti para después pasar a la acción.

A continuación tienes los distintos niveles de toxicidad y, aunque esto puede variar dependiendo la persona, los que están más cerca de ese yo que está en la imagen son los que tienen mayor capacidad de hacerte daño. A lo largo de la lectura de este libro irás identificando quién es quién en tu vida y qué tan tóxico o no son en ella.

NIVELES DE TOXICIDAD

AMBIENTES TÓXICOS

TRABAJO TÓXICO

AMIGOS TÓXICOS

PAREJA TÓXICA

PADRES TÓXICOS

YO
INTOXICADO

1.1 FAMILIARES TÓXICOS

PADRES TÓXICOS

¿Eres de los que cuando tu madre o tu padre te suelta un inocente comentario te alteras e incluso reaccionas agresivamente? «Te lo dije, si hubieras sido ingeniero no estarías en paro». Una observación tan inofensiva como ésta hizo que, delante de todos los comensales, Antonio reaccionara como un auténtico energúmeno, tirando los cubiertos y gritando a su madre: «¡Déjame en paz, estoy harto de ti!». Todos se miraron atónitos y criticaron a Antonio, todos menos su hermano Pedro, que aunque reconoció que su reacción estuvo mal, sabía que si los demás conocieran los antecedentes de la relación entre Antonio y su madre no lo juzgarían así. Y es que Antonio se sentía muy dolido y ese dolor lo expresaba con un sentimiento de rabia. ¿Qué había realmente en el origen de esta reacción en cadena?

Antonio siempre había querido estudiar diseño y su madre siempre quiso que hubiera hecho una ingeniería, como su padre. Las extraordinarias calificaciones de éste en diseño lo becaron en las mejores universidades; también ganó un concurso internacional de diseño, aun así, su madre buscaba cualquier pretexto para reprocharle: «*Eres un desempleado por no haberme hecho caso*» .Incluso reconociendo que podría haber reaccionado de otra manera, la forma de actuar de Antonio es entendible. En el fondo, las opiniones de sus padres todavía le hacían mucho daño y lo intoxicaban emocionalmente.

Seguro que al leer esto muchos se han sentido identificados con nuestro protagonista, y es que hay padres que siguen poniendo el dedo en una herida emocional que, consciente o incoscientemente, ellos mismos causaron.

Las principales heridas emocionales que nos quedan de la infancia están relacionadas con la no aceptación de los padres de los deseos o personalidad de un hijo, una injusticia o situación dolorosa vivida, la imposición de una manera de pensar, la falta de cariño y/o el sentimiento de abandono. Cualquier cosa que nos recuerde esa situación puede hacer revivir emociones que teníamos casi olvidadas. El niño que llevamos dentro explota, pero con la intensidad de un adulto.

Hay padres que, sin ser conscientes, pueden demoler nuestra autoestima, y no es casualidad que la baja autoestima esté presente en casi todos los trastornos psicológicos y sea el mayor predictor de fracaso escolar, familiar o laboral.

La autoestima es la valoración interna que una persona hace de sí misma, las columnas que te sujetan emocionalmente. Sin una valoración positiva de uno mismo, cualquier tormenta emocional puede acabar con nosotros o dejar dañada una de nuestras facetas de nuestra personalidad para siempre.

En el plano intelectual, por ejemplo, los padres pueden ser los *Terminator* de un futuro profesional prometedor. Si desde niños nos dicen que no servimos para cierta actividad, nos

comparan con nuestros hermanos y nos regalan comentarios como:

¡Cállate, que tú no sabes!

¡Tú para las matemáticas no sirves,
el bueno es tu hermano!

Te están sugestionando negativamente para que no intentes hacer cualquier tipo de cálculo numérico, ya que "no vales para eso", quitándote así toda motivación para intentarlo. Al no esforzarte, pierdes la comba del aprendizaje matemático, que es la asignatura troncal de muchas carreras.

Pero también los padres pueden impactar negativamente en la autoestima física. Comentarios como:

"Qué pena mi niña, es la más fea
de las tres hermanas".

"El niño salió bien bajito
mejor que no juegue al tenis".

"No salió tan guapa como su madre".

"Saliste con las piernas de palillo
como tu padre".

"La niña está poniéndose tan gordita
como la madre".

Pueden dañar la valoración física que tiene un niño de él, haciéndole más vulnerable a padecer trastornos de dismorfia corporal como la anorexia, bulimia o vigorexia.

La niñez es vital para establecer los pilares de una autoestima sólida. Dicho esto, una mala infancia no tiene por qué ser una sentencia de padecer de baja autoestima para el resto de tu vida.

Ser consciente de qué facetas están dañadas, identificar esas ideas que lapidaron la autoestima, retarlas y trabajar en fortalecerlas, si es necesario con ayuda del psicólogo, puede hacer que de este proceso tu autoestima salga, incluso, más fortalecida.

A continuación te incluyo las distintas facetas de la autoestima que han podido ser dañadas por tus padres. No me cansaré de recalcar que la mayoría de los padres nunca tienen ninguna intención de hacer daño a sus hijos y sus errores son fruto del desconocimiento, falta de experiencia o inmadurez emocional.

FACETAS DE TU AUTOESTIMA QUE HAN PODIDO SER DAÑADAS POR TUS PADRES

AUTOESTIMA EMOCIONAL

- Te mostraron o sentiste que te daban menos cariño que a tus hermanos.
- Tuviste sentimiento de abandono por tu padre o tu madre (real o percibido).
- Reaccionaban de manera más agresiva contigo o eran más intolerantes.
- Te hicieron sentir mal por haberte ido de casa.

AUTOESTIMA FÍSICA

- Te trataban como la más fea de tus hermanos.
- Nunca fuiste tan "guapa" como tu madre.
- Te comparaban con los menos agraciados ("Es tan poca cosa como mi suegro").

AUTOESTIMA INTELECTUAL

- Te decían " Pobrecita, tú no vales para estudiar".
- Te comparaban constantemente con las capacidades intelectuales de tus hermanos.
- Nunca sacaste tan buenas calificaciones como tu padre o tus hermanos.

OTRAS FACETAS DE TU AUTOESTIMA

- Te trataron peor por ser la mujer.
- Te trataron peor por ser adoptado.
- Te trataron peor por ser distinto ("Tú, el artista, en una familia de matemáticos"). Eras el "bicho raro".
- Por llorar te trataban como un afeminado.
- Por gustarte los deportes extremos te decían marimacho o la machorra.
- Eres el irresponsable por ser el pequeño.

Dicen que el día que tienes un hijo entiendes cuánto te quieren tus padres. Es un amor indescriptible, incondicional, por el que daríamos la vida. Siendo esto tan cierto, qué difícil es comprender cómo algunos pueden llegar a hacer tanto daño, y que difícil es para un padre darse cuenta que puede estar perjudicando de por vida a su hijo. A veces porque emplea, de manera mecánica, los métodos que utilizaron sus padres con él sin haberlos cuestionado, y otras porque, aunque su intención sea buena, el resultado es terrible. Por ejemplo, cuando por miedo y por evitar que el hijo sufra se sobreprotege o controla en exceso a los hijos, pudiendo llegar a volverse adultos indefensos e inseguros.

Nadie nos enseña a ser padres, pero sí podemos identificar en nosotros mismos qué cosas nos ayudaron y cuáles nos hicieron daño; no con el fin de utilizarlas como reproches sobre los padres, sino como aprendizaje para enmendarlas y no aplicarlas en nuestros hijos. Más que lo que te hacen, se trata de quién te lo hace y a la edad en que te lo hacen, cuando más joven eres, más vulnerable. Un mal día de un padre o una madre en el trabajo puede hacerle reaccionar agresivamente ante un pequeño error de su hijo y decirle cosas que le queden grabadas de por vida, si tras este suceso no se disculpan. Si fuéramos conscientes de cómo impactan estos hechos cuando somos pequeños, todos cuidaríamos más la infancia. Esto no quiere decir que porque tuviéramos una niñez difícil debamos ser infelices, siempre y cuando seamos conscientes de ello y tengamos la voluntad de querer cambiarlo.

RAZONES POR LAS QUE LOS PADRES PUEDEN VOLVERSE TÓXICOS

PROTEGER AL NIÑO
- Evitan que el niño intente las cosas para que no falle.
- Que no haga el ridículo.
- Que no se haga daño físico.
- Por sentirlo más débil.

CONTROL
- Buscan manipular a la pareja a través del control del hijo.

MIEDO
- Sienten que la realidad es demasiado peligrosa y buscan protegerlo.

PROYECTAN SUS FRUSTACIONES EN SU HIJO
- Quieren que su hijo sea lo que ellos no pudieron ser.
- Sus hijos son un elemento de comparación social.

ESTÁN ENFERMOS
- Son adictos o sufren un trastorno emocional.

ESTILOS FAMILIARES TÓXICOS

Dime el estilo de educación que tuviste y te diré cómo eres. Muchos padres copian el patrón de comportamiento de sus progenitores y, sin saberlo, están utilizando estrategias de maltrato, chantaje emocional, coacción o aislamiento. Buscan hacer justo lo contrario y utilizan estrategias de sobreprotección o evasión de todo tipo de dolor, creando adultos indefensos con una resistencia a la frustración mínima o emocionalmente demasiado vulnerables. A continuación te paso tres estilos que pueden crear adultos vulnerables.

Los padres mundo de caramelo

Son aquellos padres que quieren evitar que su hijo sea infeliz o experimente el dolor a toda costa. Son los típicos padres que les oyes frecuentemente decir "yo solo quiero que sea feliz". Tratan de evitar que su hijo tenga dolor por miedo a que tenga un "trauma en la edad adulta". Son padres que resuelven los problemas por sus hijos y les dan una visión de la realidad completamente idealizada. Estos niños cuando se vuelven adultos chocan con la realidad y, al no haber sido entrenados gradualmente a la frustración o lidiar con situaciones injustas, pueden llegar a padecer desde rabia hasta depresión.

Las familias castrati: hay que ser perfectos

Hay un tipo de dinámicas familiares en las que el error es percibido como un fracaso y no como una forma de aprendizaje. Todos tenemos que equivocarnos para aprender y el miedo a fallar nos lleva a no intentar las cosas, a no progresar e incluso a aislarnos.

Siempre cuento el ejemplo de mi amigo Juan. Ambos conectamos muy bien desde el principio. A mí me parecía una persona muy inteligente, pero excesivamente tímida. Le costaba hablar incluso en el grupo de amigos. Era imposible que diera una opinión o respondiera a la pregunta del profesor en público aunque la supiera. Un día, Juan me invitó a comer con sus padres y entendí, en parte, su forma de actuar.

Durante la comida familiar me sorprendió ver lo tímidos y retraídos que también eran todos sus hermanos, permanecían muy callados mientras escuchaban a su padre que monologaba sobre varios temas. En la mesa se dio una situación que me desconcertó. A uno de ellos se le cayó un tenedor al suelo e inmediatamente su padre le llamó "tooooooorpe" en tono de burla. El resto de los hermanos reaccionaron como si hubieran despertado de las catacumbas y gritaron de forma humillante "toooorpe", mientras reían con carcajadas desproporcionadas.

La única interacción que se dio en esa comida fue cuando uno de ellos cometió un error. Después de ver la reacción de su familia entendí por qué Juan era así: él no era tímido, tenía miedo a cometer errores, tenía miedo a ser imperfecto. Probablemente los hermanos de Juan también tendrían temor a hablar en público y a intentar muchas actividades por miedo a equivocarse.

Juan tampoco bailaba, aunque siempre miraba con envidia aquellos que salían a la pista. Le hubiera encantado aprender, pero tenía pánico a ser observado y, sobre todo, a cometer un fallo. Y es que cuando era niño y salía a bailar en alguna boda el resto de los hermanos observaban hasta que hacía algo mal para partirse de la risa. Afortunadamente para Juan, la que es ahora su esposa le animó a bailar, a reírse de sí mismo y a disfrutar sin tener miedo a equivocarse. Juan rompió con el tabú familiar de no hacer lo que deseaba sin poder errar.

Las familias militarizadas: cuando mostrar las emociones son una señal de debilidad

Muchos padres sienten que educar correctamente a un hijo

es entrenarle para la guerra y creen que enseñar a ser fuerte implica prepararlo para todos los dolores de la vida. Bajo esta visión, les inculcan que hay que protegerse y nunca mostrar vulnerabilidades ni sentimientos, además de desconfiar, porque todo el mundo es el enemigo hasta que no demuestren lo contrario. Por esto deciden instruirles a base de golpes emocionales para hacerles más fuertes, sin darse cuenta de que no todos los niños son emocionalmente tan fuertes ni están preparados para ese tipo de golpes.

> *Tuve una amiga que a los quince años sufrió un accidente y a la que le quedó una cicatriz en la cara. El día que decidió salir a la calle su padre le dijo: «¿Y con esa cicatriz tan fea vas a salir?». Ella se fue llorando a la habitación y allí se quedó. Al día siguiente volvió a maquillarse para salir y antes de abrir la puerta su padre le volvió a decir: «¿Y con esa cicatriz tan fea vas a salir?». «Si tú con esas orejas enormes has salido toda la vida, ¡pues yo también lo haré!», le respondió ella esta vez. «Así quiero que contestes, ya estás preparada para los comentarios de la gente», dijo su padre.*

El método fue efectivo, pero a un precio emocional demasiado alto. No había necesidad de que ella sufriera ni que diera esa contestación tan agresiva. Si el padre le hubiera dicho: «Hija, hay mucha gente que por curiosa o por cruel van a hacerte comentarios hirientes, déjame prepararte para enfrentarlos». Su hija no tendría un recuerdo tan doloroso de ese día y hubiera tenido el mismo aprendizaje. Incluso incluirle algo de humor: «Además vamos a hacer que esa cicatriz sea un pretexto para que cuando se acerquen a ti tengas un tema de conversación, por ejemplo, 'es duro ser la hija de Rambo'».

La visión de la vida en la que mostrar las emociones de vulnerabilidad son percibidas como una debilidad, hace que los miembros de estas familias bloqueen el dolor y no confíen en nadie, viendo a todos como una posible amenaza. Este tipo de familias pueden generar dos modelos de hijo: por un lado el debilitado, que les hace depender constantemente de su padre o madre para tomar decisiones al percibir todo como una amenaza. Y, por otra parte, el excesivamente agresivo, para el que cualquier señal de cesión o vulnerabilidad es vista como una debilidad, volviéndose inquisitivos, rígidos y limitados emocionalmente.

HERMANOS TÓXICOS

Uno de los conflictos que más cala entre los hermanos está sustentado por la idea de que uno de ellos es más querido que los otros por el padre o la madre. Lo cierto es que la mayoría de los padres quieren por igual a sus hijos, pero pueden tener ciertas preferencias y distintos niveles de expectativas por unos u otros. Esto normalmente pasa por razones internas de los padres que tú, como hijo, no siempre puedes entender.

Algunos, con la finalidad de protegerlo, prestan más atención al que creen más débil; otros se sienten más cómodos con el hijo del mismo sexo o con el que tienen una mayor afinidad en términos de personalidad. Puede que a uno de ellos le presten menos atención solo porque parece completamente autosuficiente y eso sea percibido como falta de cariño por parte del hijo.

Si te sentiste un poco de lado, háblalo con tus padres sin esperar que te den la razón, porque su forma de vivir tu infancia puede haber sido percibida completamente distinta a como tú la viviste. En una familia, la atención de un padre tiene que dividirse entre varios hijos y no siempre es ecuánime. Entender que su cuidado va a estar dividido entre todos los hermanos te ayudará a que no compares y, sobre todo, a que no guardes resentimientos.

Qué hacer frente a padres tóxicos

Hay relaciones filio-paternales que no tienen casi toxicidad y es cuestión de resolver pequeños conflictos. Hay otras que pueden ser altamente tóxicas. Aún teniendo padres muy tóxicos esto no tiene por qué ser una sentencia de infelicidad, pero sí es muy importante ser consciente de ello, por lo que a veces se puede necesitar la ayuda de un especialista para distinguir y desenredar esa maraña de emociones y situaciones tóxicas.

Lo primero que tienes que hacer es retar todas las ideas que te inculcaron de niño sobre ti y sobre tu entorno. Que tus padres piensen algo sobre ti no implica que estés condenado a ser así. En vez de hundirte en el victimismo pensando «me tocó ser así», vas a tomar la decisión de ser cómo tú quieres.

Piensa que muchas de las creencias que tienes sobre ti no son tuyas, sino que te fueron impuestas desde la infancia. Por ejemplo, ¿eres bajito o no eres tan alto como tus hermanos?, ¿eres tonto o tus hermanos son más inteligentes para la inteligencia numérica y tú tienes una más artística? Cuanto antes cuestiones esas ideas, mejor. No juzgues, ya que muchas fueron creadas bajo una percepción errónea de tus padres y no porque ellos tuvieran malan intención. Quizá lo hicieron para

protegerte o querían ayudarte para que no te esforzaras en vano, pero su intención no era mala, porque puede que sea cierto que no eres tan bueno para una actividad, pero si disfrutas haciéndola y trabajas duro casi seguro que logras llegar donde quieras.

Curiosamente, si existe una diferencia abismal entre la persona que eres con tus amigos y la que eres con tus padres es que hay algo que estás escondiendo de lo que no te sientes orgulloso o quieres esconder. Por último es muy importante recalcarte que tener padres tóxicos no es una setencia de fracaso, de padres tóxicos han salido grandes hijos, incluso genios. Justamente por no querer ser como ellos o por estar firmemente en desacuerdo con lo que piensan.

Cómo liberarse de la toxicidad de la infancia

Las heridas emocionales son parecidas a las físicas si no se han curado pueden volver a sangrar. Y eso es lo que nos pasa a la mayoría cuando sentimos resentimiento por algún suceso que ocurrio con nuestros padres en la niñez. El dolor es tan profundo, que podemos llegar a transferir ese daño de manera inconsciente a la pareja, a los hijos o otras personas queridas. Y aunque el daño haya sido causado hace muchos años, al volver a vivirlo, podemos caer en una espiral del dolor. El problema del resentimiento es que nos envenena por dentro. A simple vista no se ve, pero está escondido en nuestra rutina diaria. Es como una metralleta cargada y muy sensible que, en cuanto la tocas, despide una ráfaga de balazos haciendo daño indiscriminadamente.

Lo primero que tenemos que evitar es el efecto gaseosa, y éste se produce no porque se agite la botella, sino porque

MODELO PARA SANAR ALGUNOS TRAUMAS

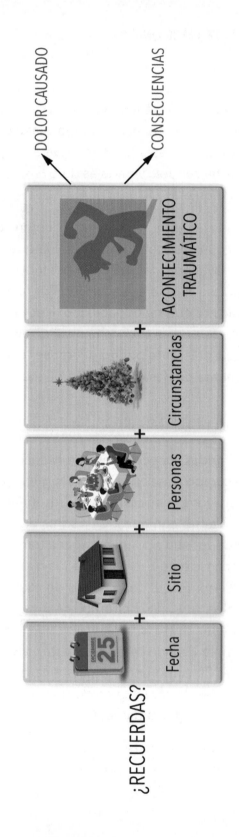

¿RECUERDAS?

Fecha + Sitio + Personas + Circunstancias + ACONTECIMIENTO TRAUMÁTICO → DOLOR CAUSADO → CONSECUENCIAS

hay gas dentro de ella. Lo que quiero decir es que si no hay dolor es muy difícil que alguien reaccione de manera desproporcionada; muchas de las discusiones familiares se producen porque toca una herida emocional del pasado y no por un conflicto presente. Si en esas comidas familiares tu hermano o tu padre tocan un tema que todavía te hiere, se produce en ti ese efecto descrito. Solo hace falta mover un poco el dolor que tenías acumulado en tu interior para que «salga disparado», causando un tremendo daño a la gente que amas, y en lugar de sanar la herida la haces aún más profunda.

La solución es no guardarte nada, pero explotar de manera desproporcinada no es la forma correcta de hacerlo. Te propongo un ejercicio sencillo para resolver heridas emocionales que crean mucha fricción. Si lo haces así, en vez de reprochar y hacer daño porque te sientes dolido, vas a ser constructivo e incluso vas a conseguir reinventar la relación familiar. Para eso te recomiendo que tomes una hoja y escribas:

Plan de acción para lidiar con dolor de la infancia:

1°¿Qué te duele exactamente?

Describe detalladamente el hecho y las circunstancias de cómo lo recuerdas. Después céntrate solo en ese hecho, porque este tipo de situaciones dolorosas muchas veces están enredadas con otras.

2°¿Qué daño te causó eso y por qué te sigue doliendo?

En ocasiones, el familiar al que le cuentas el hecho le quita importancia porque lo ve desde su punto de vista y no desde el prisma que lo viviste tú cuando eras niño. Por eso es primordial que si el daño fue causado en la niñez le expliques la situación desde la perspectiva del muchacho que eras, así como el dolor que sentiste y las repercusiones que tuvo. Es fundamental que se ponga en tu lugar, sobre todo en cómo se sentiría si fuera un niño y estuviera en la misma situación.

También es muy importante que busques el momento, el modo y el lugar adecuado. Asegúrate que tú y tu familiar están relajados, hazlo en un lugar privado, nada de restaurantes, y en un lugar cómodo. Lo mejor es que lo hagas a solas para que no haya testigos que sean percibidos como una amenaza a su intimidad o tu familiar sienta que lo estás exponiendo.

Te pongo un ejemplo: todavía recuerdas el día que tu padre te dijo que eras un inútil delante de tu hermano. Mientras que tu padre lo olvidó o lo recuerda como algo insignificante, a ti te hizo mucho daño porque fue objeto de burlas de los chicos de tu escuela, ya que tu hermano se lo contó a todos. Que veinte años después tu hermano te diga delante de sus hijos que sigues siendo el "bueno para nada" o "inepto" de la casa, aunque sea en broma, lo ves como un ataque y sigue doliendo mucho al niño que llevas dentro, incluso puede hacerte reaccionar de una manera agresiva. La vida no es lo que nos pasa, sino cómo la evocamos. Muchos padres tampoco quieren recordarse siendo malos, por lo que la memoria trasforma esos hechos o simplemente los borra. Por eso es importante buscar referencias y empezar con la siguiente fórmula, para que así, cuando se lo digas, no se bloquee:

Vamos a desarrollar el ejemplo anterior con el modelo explicado:

Tú. —¿Papá, recuerdas cuando tenía ocho años, en casa de los tíos, en el cumpleaños de Juan, con el tío Pedro y los primos?

Cuando te diga sí, la memoria no se va a sugestionar negativamente y se va a bloquear, entonces le cuentas el hecho que fue traumático:

—Me acusaste de haber apagado las velas del pastel de cumpleaños del primo cuando se apagaron solas. Me dijiste que no servía para nada, qué era un inútil y me humillaste delante de toda la familia por algo que no hice. No me pediste perdón cuando te diste cuenta que te habías cofundido. Ahora cada vez que dices algo lo siento como reproche y vuelve el dolor que llevo dentro.

En la mayoría de los casos te dirá cómo percibió él esa situación y, sobre todo, se dará cuenta del impacto que tuvieron esos hechos en ti. En la mayoría de los casos, explicada bien esta situación el padre te pedirá perdón. En ese momento en que él reconoce su error que entiende y reconoce el dolor causado, la herida emocional empieza a cicatrizar. La memoria «histórica» dejará de ser «histérica».

Si aún intentándolo tu padre o madre no reconociera el error, le quitara la gravedad o lo justificara con que a él también se lo hacían de niño, al menos ya sabrás cómo actuar para que tú no repitas ese patrón.

CÓMO SANAR UNA HERIDA EMOCIONAL DE LA NIÑEZ CON LOS PADRES

1°. DEFINE QUÉ TE DUELE EXACTAMENTE

- Las comparaciones.
- Que no crea en ti.
- Que no respete o acepte cómo eres.
- Que no acepte el daño que te ha hecho.

2°. CÉNTRATE EN UN PROBLEMA EN CONCRETO

- Por qué te duele.
- Qué consecuencias ha tenido.
- Cómo te hizo sentir y cómo te hace sentir ahora.

3°. QUÉ RESULTADO QUIERES CONSEGUIR

- Que reconozca el daño hecho y que te pida perdón.
- Que no lo vuelva a repetir.
- Que te acepte como eres.
- Que arregle el daño si se puede.

4°. NO TE QUEDES CON LOS IRREMEDIABLES

- Escucha lo que te diga, ponte en su lugar también.
- Una vez aceptado, pasa página y reafirma su amor.

CUANDO EL RESTO DE LA FAMILIA ES TÓXICA

Muchos de los conflictos familiares no vienen dados ni por los padres ni por los hermanos; son causados por otros miembros de la familia como tíos, tías, abuelos o abuelas. Y aunque la dinámica de la familia nuclear, padres y hermanos, sea sana, otros miembros de la familia pueden llegar a hacer daño e incluso intervenir negativamente en la dinámica familiar .

El problema se produce cuando ese alguien de la familia "se mete" dentro del círculo familiar más íntimo y empieza a opinar, juzgar o dividir a los miembros. Por eso es tan importante establecer unas reglas sobre qué temas se puede o no hablar con ellos y el tipo de trato que se debe dar a esa parte de la familia.

Por ejemplo, un exceso de confianza con la suegra conlleva a tomarse más libertades y ser más agresivo y maleducado cuando hay una situación tensa. Siempre hay que cuidar el trato y las palabras, porque el dolor causado por decir lo que se piensa, sin cuidar las formas, puede dañar para siempre la relación. Como ejemplo están las verdades que en las cenas navideñas se lanzan unos contra otros.

"Es una pena que tu marido te haya dejado, le diste tanta atención a tus hijos que lo dejaste olvidado; al final se buscó lo que no le diste en casa".

El objetivo, la mayoría de las veces, no es dar a conocer la verdad, sino golpear como un mazo y hacer daño con ella. Son los conocidos golpes de verdad o, como muchos lo llaman, "verdadazos".

Cuando los padres tienen un problema mental

Hasta aquí he hablado de padres sanos, pero cuando éstos sufren un trastorno mental, de personalidad o una adicción la cosa cambia por completo. Hay aspectos que no son aplicables con esta clase de padres, ya que la forma de sentir, valorar y percibir la realidad y su escala de necesidades es completamente distinta a la del resto.

Impacto de un padre alcóholico

Uno de los principales destructores de familias e individuos son las adicciones, en especial el alcoholismo. Esta dependencia es más preocupante que otras porque muchos no son conscientes de ella, y no se dan cuenta del daño tan grande que se están haciendo a ellos mismos y a los que les rodean.

Las consecuencias de tener un padre alcohólico en el desarrollo de la personalidad de un niño pueden ser muy graves. Tienden a ser más desconfiados al haber vivido una infancia en la que el padre o la madre no cumplen sus promesas o se olvidan completamente de lo dicho. No saben leer bien las emociones ni cómo comportarse. A la vez, al crecer en un ambiente inconsistente y volátil emocionalmente, el niño se encuentra perdido, no sabe qué hace mal o qué hace bien. Un día puede traer buenas calificaciones a casa y ser tachado de «inútil» al no traer todo sobresaliente, y otro puede haber tirado la comida por el suelo y manchar todos los sofás y la reacción ser de cariño o de risas.

El niño crece volviéndose un adulto inseguro con un miedo extremo a ser abandonado y gran ansiedad por no saber

qué hacer para evitarlo. Muchos se vuelven excesivamente celosos por esa necesisdad de reafirmación constante hasta el punto de acabar destrozando su relación de pareja. Y aunque no sean adultos alcohólicos, pueden copiar el modelo disfuncional de relación con su pareja y con sus hijos. Por eso, si tuviste un padre alcohólico es recomendable acudir a un grupo de apoyo o a un especialista para desterrar todas esas ideas y sentimientos tóxicos que, aunque creas tuyos, no son parte de ti.

Padre con un trastorno mental

Lo mismo ocurre cuando los padres sufren trastornos mentales. El sentimiento de culpa que puede vivir un niño en esta situación deja profundas heridas emocionales. Por ejemplo, cuando una madre bipolar, tras la fase de manía, fase con ganas extremas de hacer cosas, de pasión por la vida y con un interés excesivo en su hijo, pasa a la fase de depresión, que es todo lo contrario. El hijo se siente responsable de la apatía y tristeza de la madre, culpándose de que su madre está así por él y preguntándose qué es lo que hizo mal para que su madre no quiera ni levantarse de la cama.

¿ESTAMOS DESTINADOS A SER COMO NUESTROS PADRES?

Hay hijos de padres alcohólicos que creen que el alcoholismo es hereditario y, por tanto, inevitable que ellos también tengan este problema. Hasta la fecha no se ha demostrado que exista un gen específico de la adicción; si lo hubiera, éste solo definiría una tendencia más que una sentencia. En definitiva, que lo podemos prevenir.

Si sabes que eres propenso a engordar puedes desarrollar un estilo de vida más sano. Un claro ejemplo es el de los entrenadores físicos. En su historia de vida te cuentan que tomaron a ese miembro de su familia que padecía de obesidad como referencia para no querer ser como él.

Lo cierto es que en una familia cuando el padre o la madre padecen de una adicción, las reacciones tienden a polarizarse y los hijos tienden a comportarse de dos maneras: o copian el patrón de conducta del progenitor y se vuelven adictos, o se revelan completamente y manifiestan un profundo rechazo hacia el alcohol o la droga a la que es adicto el padre o la madre.

En el caso de tener padres con trastornos mentales, dependiendo del padecimiento concreto, el componente genético puede tener un mayor peso. Por ejemplo, si tienes antecedentes de esquizofrenia o trastorno bipolar, tu tendencia a sufrir una de estas enfermedades es mayor que la de las personas que no tiene ningún familiar con este padecimiento. Por lo que debes de evitar las drogas o situaciones altamente estresantes que puedan hacer detonar más fácilmente la aparición de esta enfermedad.

En la depresión puede haber un componente hereditario, ya que una de las causas de esta enfermedad es un desequilibrio de los químicos en el cerebro, como la serotonina o norepinefrina, aunque parece que tiene más peso el modelo de pensamientos y atribuciones que tomamos de los padres. De ellos adoptamos de manera mecánica las creencias y la forma de pensar, interiorizándolas como nuestras.

Si nuestros padres tienen una visión optimista de la vida, se apasionan por las cosas y luchan por ellas en vez de victimizarse, los hijos adoptarán esa manera de ver la vida y verán la realidad a través de un filtro de positivismo. Por otra parte, hay familias que firtran la realidad a través del negativismo, victimismo o la inevitabilidad, esta manera de ver la vida es aprendida por los hijos y la probabilidad de que estos padezcan depresión es mayor.

Cómo sanar el daño que tú hiciste

Si has solucionado los traumas del pasado y quitado la toxicidad familiar, la resolución de los conflictos que ocurren con la convivencia diaria es más sencilla. Si haces esto te sentirás como si te hubieras quitado un gran peso de encima y el camino se te hará más sencillo. Hay que establecer límites, poner las reglas de convivencia claras desde el principio y nunca guardarse las cosas hasta explotar, sino solucionarlas de manera puntual, cuidando siempre las formas y acabando siempre con muestras de cariño.

Por otra parte, igual que algunas madres utilizan el victimismo para conseguir muchas cosas de sus hijos, los hijos también utilizan la comparación madre-pareja o padre-pareja. En el momento en que entra la manipulación en cualquier dinámica de comunicación, la relación empieza a volverse tóxica.

Poco a poco vas teniendo una mejor idea de que tan tóxicos pueden haber sido tus padres, tus hermanos u otros familiares. Ahora te toca a ti saber que tan tóxico puedes ser tú para ellos, incluso atreverte a preguntarles lo siguiente:

- ¿Hay algo que hice que te causó un gran dolor en el pasado?
- ¿Cómo ha afectado en tu relación conmigo?

- ¿Por qué crees que lo hice?

- ¿Hay algo de mí que te esté haciendo daño ahora?

- ¿Qué tengo que hacer para solucionarlo?

Te sorprenderás de que muchos de esos momentos en que tú causaste dolor no los percibiste así, los olvidaste en el baúl de los recuerdos o simplemente los borraste. Cuando escuches las repuestas te darás cuenta de que a veces tú también, sin mala intención, o por haberte centrado demasiado en ti, hiciste daño a un ser querido. Causaste dolor a alguien no por el hecho en sí, sino por lo importante que tu eres para esa persona. El siguiente paso está en tus manos, aceptar el daño, pedir perdón y buscar la forma de enmendar el error y por fin sanar la herida de la otra persona.

1.2 PAREJAS TÓXICAS

Una vez superado el proceso de duelo, la mayoría de las relaciones de pareja que terminaron tendrían que aportarnos cosas positivas, dejarnos un aprendizaje y hacernos crecer. Si esto no fuera así, sino todo lo contrario, si te sientes una persona más insegura física o emocionalmente, si tienes expectativas pesimistas con respecto a relaciones futuras e incluso si niegas toda posibilidad de una nueva relación, probablemente hayas sufrido a una pareja tóxica o estado en una relación tóxica.

Aquellas relaciones en las que sufrimos constantemente aunque haya amor, nos quitan la libertad y la iniciativa, nos hacen depender de una persona, bajan la autoestima o nos dañan como individuos, son relaciones tóxicas. Muchas personas no son conscientes de que este tipo de relación es como una adicción, y como tal, el primer paso, tanto en las adicciones físicas como en las relaciones enfermizas, es la aceptación. Aceptar que te está haciendo daño y que por seguir en ella estás perdiendo demasiadas cosas, ya que el precio que estás pagando es dejar de ser tú.

En una relación puede haber un miembro que sea dañino o puede que la dinámica de pareja sea tóxica. Entre las dinámicas más enfermizas que se establecen están el chantaje emocional, la codependencia y los celos patológicos, y en prácticamente todas ellas aflora la sombra del maltrato. Es cierto que no hay maltratador sin una persona que permita ser maltratada, pero en las relaciones de pareja, sobre todo cuando se está muy enamorado, el mismo proceso de enamoramiento puede llevar a ello, ya que las ideas erróneas heredadas del cine y las telenovelas como que «hay que hacer todo por amor», nos llevan de manera gradual y casi inconsciente a realizar concesiones que nunca hubiéramos imaginado.

EL CHANTAJE EMOCIONAL

El chantaje emocional es un tipo de abuso psicológico en el que el tóxico utiliza toda clase de estrategias de manipulación con tal de imponer su voluntad. Dependiendo de cómo sea el chantajista, así va a ser su «estilo» de coacción, utilizando ciertas fórmulas que sabe que funcionan para acabar imponiendo sus deseos. La mayoría llevamos un chantajista en nuestro interior, pero no nos convertimos en profesionales del chantaje porque tenemos valores y porque nos ponemos en el lugar de la otra persona, de sus emociones, y no hacemos lo que no nos gustaría que nos hicieran a nosotros.

Los niños tienden a hacerlo mucho, pero conforme crecen y toman conciencia lo van dejando. Mucho cuidado si te encuentras con un chantajista emocional «profesional», porque puede acabar con tu vida. La mayoría de ellos tiene un trastorno de la personalidad narcisista. Este tipo de individuos, además de tener un exagerado sentido de la autoimportancia, los sentimientos de los demás no les interesan más que para descubrir sus puntos de vulnerabilidad. Aunque sea tu pareja, su egocentrismo es mayor que el amor que te pueda tener. Para él eres solo un medio y utilizará cualquier estrategia de chantaje, pasando de víctima a verdugo a maltratador con tal de conseguir lo que quiere de ti.

La mayoría de las parejas no alcanzan esos límites pero si te encuentras con uno en el camino, ¡cuidado! Aún recuerdo aquella vez que una conocida me habló de su experiencia.

Sandra tenía sospechas de que su pareja le estaba siendo infiel con otro hombre.

—¿Me estás siendo infiel? —le preguntó a su marido.

—No mi amor, tú eres la única —respondió él.

—¿Y con otro hombre? —quiso saber Sandra.

Alberto reaccionó de manera muy agresiva, dando golpes, sintiéndose humillado por haber sugerido que era homosexual, descalificándola, haciéndola sentir culpable y aconsejándola que fuera al psiquiatra. Ella empezó a dudar de todas las pistas que le habían llevado a sospechar esto, se sintió terriblemente culpable y decidió acudir a un psicólogo.

Dos meses después encontró, sin buscarlo, un correo en el que su pareja declaraba su amor a la persona de la que ella sospechaba. Su amante se lo confirmó y cuando se enfrentó a su marido empezó a llorar desconsoladamente diciendo que era todo mentira y que el otro hombre lo había acosado y que para hacerle daño había admitido ser su amante. Al final, amenazó con suicidarse si lo dejaba. Las dos víctimas de esta historia fueron ella y el amante abiertamente homosexual; ambos quedaron dañados durante mucho tiempo.

Este es un caso extremo de una pareja con un trastorno de personalidad. Este tipo de personas necesitan la ayuda de un psicólogo, aunque la mayoría no querrán ir a pesar de que lo precisen. A no ser que estés entrenado para ello, es tremendamente difícil saber hasta qué punto se pueden apoderar de tu vida gente así. Puedes incluso haber sido víctima de *gaslighting*. Este tipo de manipulación toma su nombre de la película "Luz de gas", cuya versión más conocida es la estadounidense de George Cukor, protagonizada por Charles Boyer e Ingrid Bergman. Se trata de un abuso psicológico en el que se utiliza la mentira y la falsedad para hacer creer a la víctima que se está volviendo loca. El chantajista emplea todas las formas de mentir para hacerla dudar de su memoria y su percepción, y no sabe si se olvida de las cosas o está perdiendo la cabeza. No vio lo que vio, no oyó lo que oyó, no dijo lo que dijo, no está donde creyó estar, no recuerda si pasó como pasó... Si has sentido eso alguna vez, ya sea en el ámbito laboral o con tu familia, ¡te están haciendo *gaslighting*!

El chantaje emocional tiene grados y, desgraciadamente, muchas veces se llega hasta al maltrato psicológico y físico. El chantajista identifica las vulnerabilidades de su pareja para manipularla y obligarla a hacer su voluntad. El gran problema de éste es que no quiere un acuerdo y no desea hacer concesiones para llegar a un punto medio donde, tanto uno como otro, acaben cediendo por el bien común de la pareja. En el fondo, al chantajista no le preocupa lo que la otra parte desee ni su bienestar.

No siempre es posible darte cuenta a tiempo de que tienes una relación con un chantajista emocional. Esto es así porque no siempre actúan de manera agresiva o autocompasiva para hacerte sentir mal y utilizan mecanismos más perversos. Si en tu relación acabas cediendo siempre tú a lo que quiere la otra persona o siempre consigue que te sientas culpable, podrías estar sufriendo una relación enfermiza basada en el chantaje emocional. Como consecuencia, tu relación se verá desequilibrada, porque tu pareja te subestimará constantemente y te hará sentir indefenso e inseguro, incapaz de enfrentarte a él o ella e incluso de tomar la más mínima decisión. El chantajista irá ganando terreno y el chantajeado, sin darse cuenta, lo irá cediendo hasta que un día se sienta totalmente invadido y desvalido.

Estrategias del chantajista emocional

El chantajista emocional va a tener un variado menú de opciones y estrategias para manipularte. Utilizará distintas y aquellas que le funcionen mejor, las aplicará más frecuentemente dependiendo del tipo de persona que seas y el estado emocional en el que estés. De una manera sutil, descubre tu escala de valores, analiza qué te motiva, quién y qué partes te importan más de tu vida para aplicar su manipulación precisamente ahí.

Entre las estrategias que tiene el chantajista emocional para manipularte, destacan estas:

● El castigo

Son los que consiguen lo que quieren de su pareja utilizando las amenazas y el castigo, tanto psicológico como físico. Empiezan mostrando control con comentarios como:

"Me dijeron que te vieron con tu colega Pepe, ¿te pusiste a hablar con él?".

"Solo las putas hablan así a los hombres".

"Si lo vuelves a hacer, te dejo".

El miedo puede llevar a hacer que la pareja amenazada acabe acatando las decisiones del maltratador, e incapaz de tomar decisiones por sí sola.

● El control

Hacen sentir a la pareja que su vida les pertenece, exigiéndole total disponibilidad y haciendo que conteste todo el rato el teléfono. Gradualmente empiezan mayores exigencias de control, hasta limitar toda su libertad.

"Qué hacías en Whatsapp, a quién mandabas un mensaje, enséñamelo".

● El autocastigo

En este caso, amenazan con herirse a ellos mismos si no se hace su voluntad. Las amenazas van desde dejar sus estudios, a su pareja, a sus hijos e, incluso, hasta quitarse la vida.

"No sé qué sería de mí si te separas".

"Si me dejas, me suicido".

● El victimismo

Su manera de manipular es amenazando con el sufrimiento que ellos van a tener si no se hace lo que quieren. A la vez, constantemente, hablan de todos los sacrificios que hicieron por la pareja.

"Te di mi juventud y así me lo pagas".

"Soy un desgraciado por culpa tuya".

"Me sacrifico por ti y tú no haces nada".

● La mentira

Es otra manera de manipular, pero, en algunos casos, más difícil de descubrir. No es cierto que se «atrapa antes a un mentiroso que a un cojo»; algunos son difíciles de desenmascarar, sobre todo los que creen sus propias mentiras y practican el autoengaño. Sus mentiras son de matrícula de honor. Su intención nunca va a ser por tu bien, aunque así te lo haga creer. Se puede mentir de muchas maneras y hay quien domina todas las técnicas:

- √ Diciendo lo contrario de lo que se sabe, cree o piensa.

- √ Induciendo a error.

- √ Faltando a una promesa o rompiendo un pacto.

- √ Fingiendo o aparentando.

- √ Falsificando una cosa.

Entonces, ¿ocultar información es mentir? Sí. En el tema que nos ocupa es una forma de manejar a alguien para poder influir de alguna manera en esa persona, sobre sus decisiones y comportamientos. Curiosamente, en la mayoría de ellos cuando se les agarra en su mentira no lo reconocen y actúan a la defensiva. Se defienden atacando y te dirán que eres un mal pensado, un desconfiado o directamente que has perdido el juicio.

¡Cómo se te ocurre desconfiar de mí,
me has decepcionado!

El embargo económico

Ejercen el control a cambio de dar seguridad económica y, sobre todo, con la amenaza de quitarla. Al principio regalan u ofrecen, pero luego se vuelven la única fuente de recursos económicos de la pareja, controlándola así totalmente.

"Si te divorcias, ¿de qué vas a vivir?".

*"Nadie, excepto yo, te va a mantener
como tú te mereces".*

Salvo gente con trastornos de personalidad que gozan ejerciendo el control y el poder sobre la otra persona, la mayoría de los chantajistas lo que buscan en el dominio de la pareja es disminuir la propia inseguridad. El miedo a perderla hace que quieran ejercer la autoridad sobre ella. El ejercicio de control constante se puede explicar como un mecanismo de sobrecompensación de las inseguridades.

¿Crees que las personas que son importantes para ti actúan de esta manera?

CÓMO SABER SI ERES EL OBJETIVO
DE UN CHANTAJISTA EMOCIONAL

- Te reclama constantemente lo que no le das.

- Te dice o te da a entender que te abandonará, se hará daño o se deprimirá si no haces lo que quiere.

- Amenaza con complicarte la vida si no haces lo que dice.

- Amenaza constantemente con poner fin a la relación por pequeñas razones.

- Hace generosas promesas condicionadas a tu conducta.

- Es insaciable; por mucho que le des siempre quiere más.

- Ignora y no hace caso a tus sentimientos o aspiraciones.

- Está convencido de que acabarás siempre cediendo.

- Se deshace en alabanzas cuando cedes y las retira cuando te mantienes firme.

- Utiliza el dinero como arma para salirse con la suya.

- Te tacha de egoísta, malo, interesado, insensible o descuidado cuando no cedes.

Si has constestado afirmativamente a uno solo de estos enunciados, entonces estás siendo blanco de chantaje emocional. La mayoría lo hemos sido alguna vez; el problema se presenta cuando personas cercanas a ti, sobre todo tu pareja, lo utiliza como forma de imponer su voluntad sobre la tuya. Su deseo de predominar sus necesidades sobre las tuyas es más importante que el «amor» que te tiene y la necesidad de ser amado.

CÓMO TERMINAR CON LOS CHANTAJES EMOCIONALES

Lo fundamental es darte cuenta de que estás en este tipo de relación. En el momento en que te vuelves consciente, avanzas y, lo más importante, estableces reglas sanas que harán que la relación dure más o, si no las acepta, se acabe. Es primordial que no te victimices; tanto el chantajista como el chantajeado son responsables de esta dinámica.

Tips para prevenir chantajes emocionales

- √ Pide a tu pareja que justifique su decisión con hechos.

- √ Pídele que no opine sobre ti, sino sobre lo que estás diciendo.

- √ No hagas creer a nadie que es dueño de tu vida y que tu futuro está en sus manos.

- √ No dejes que utilice amenazas de que te va a dejar para conseguir que hagas su voluntad.

- √ No dejes que tu pareja te falte el respeto.

Si todavía hay gran amor entre los dos es importante que vayas con tu pareja a un especialista en terapia de pareja. Dar el primer paso es difícil ya que todavía está muy estigmatizado ir a terapia, pero te aseguro que más de un 30 por 100 de las parejas que acabaron en divorcio se podrían haber salvado si hubieran acudido a este tipo de tratamiento.

Cómo saber si eres propenso a caer en el chantaje emocional

- √ Tienes un exceso de empatía y una falta de asertividad.

- √ Tienes una autoestima emocional baja.

- √ Tuviste sentimiento de abandono en la niñez.

- √ Tuviste una mala relación de pareja que no superaste.

- √ Tienes miedo a estar solo.

- √ Tiendes a poner al resto antes que a ti.

LAS RELACIONES CODEPENDIENTES

La codependencia es un padecimiento emocional en el que existe demasiada preocupación y dependencia excesiva hacia la pareja. La persona codependiente necesita tanto a su pareja que llega a creer que su vida no tiene sentido sin ella. En ocasiones, la percepción que tiene de sí misma está tan sesgada que su valor como persona depende de lo que piensa quien está a su lado. Más que una relación de amor, hay una relación de necesidad excesiva del otro; la persona no tiene libertad porque está obsesionada por su pareja y ésta se vuelve una adicción.

Muchos codependientes necesitan dar continuamente para no sufrir de culpabilidad y para así garantizar no sentirse rechazados, su autoestima es tan baja que creen que si no dan y no ponen a la pareja primero, ésta le abandonará. Otros hacen cualquier cosa con tal de que no los dejen y justifican sus ataques y maltratos como consecuencia de algo que hicieron. Se autoculpan de todo el daño que les ha causado la pareja.

"Fue mi culpa que me pegara, le puse la cena fría".

"Mi suegra tiene razón, yo lo provoqué".

Parejas agapornis

Muchas de las relaciones que consideramos perfectas, las típicas de «están hechos el uno para el otro» y que se separan solo para ir al baño, son relaciones codependientes. Algunos les llaman parejas agapornis, por un tipo de pájaro que perece si su pareja muere y viven toda la vida juntos. Y aunque esta idea suena muy romántica, en un estudio realizado por la Universidad de Stanford con este tipo de parejas, la mayoría, sobre todo las mujeres, declararon haber sacrificado muchas ambiciones personales por salvar la relación. El dato más indicativo de que la relación no era tan de color de rosa como la pintaban, es que no les gustaría que sus hijas tuvieran una vida de pareja como la de ellas al sentir que habían sacrificado demasiado.

El maltrato y la codependencia

Si bien no todos los casos de maltrato se deben a un problema de codependencia, sí hay un patrón de conducta maltratador-maltratado causado por este tipo de relación. Cuando una persona es codependiente es insegura por naturaleza, necesita la constante aprobación de su pareja. Está convencida de que su vida no tiene sentido sin su pareja y acepta todo con tal de no sentirse abandonada.

Fíjate, por ejemplo, en la siguiente conversación sobre economía en un matrimonio.

—¡Pues claro que la economía anda mejor! ¿Desde cuando sabes tú de esto? Mejor no digas idioteces—, dice él.

Su esposa, en vez de reaccionar de manera asertiva y contestar:

—Pues no sé tanto como tú, pero sé que ahora el dinero para el súper me rinde menos. ¿Qué explicación le das a eso? ¿Qué explicación tienes para el aumento del desempleo?

Le responde:

—Tienes razón, cariño.

Poco a poco, el codependiente va siendo más tolerante. Primero es un menosprecio, luego es una subida de tono, después es una agresión verbal, pudiendo llegar incluso al daño físico. Hay mujeres cuya autoestima está tan dañada que ante la agresión física de la pareja lo justifican diciendo que ella lo incitó. En esta ocasión, la persona codependiente excusa a la pareja maltratadora, incluso se culpa, por haberla "provocado". Prefiere esta situación a que la abandonen o incluso puedan, como desgraciadamente vemos en demasiadas ocasiones, llegar a matarlas. Recuerda que una persona que maltrata es responsable de sus actos.

Los celos

Todos, alguna vez, hemos tenido celos. La mayoría hemos sentido celos de los hermanos por miedo a que la atención de nuestros padres se desviara hacía ellos y sentirnos menos queridos. En el colegio, algunos experimentamos celos al ver que nuestro «mejor amigo» nos dejaba solos a la hora del recreo por irse con otro «nuevo mejor amigo». Al crecer, la mayoría nos damos cuenta de que ese temor no era real y que ni nuestros padres ni nuestros amigos nos querían menos por compartir tiempo con otras personas. Curiosamente esto no siempre pasa con la pareja y el sentimiento de miedo a perder a la persona amada nos saca al niño inseguro que llevamos dentro. Los celos son un sentimiento natural de miedo a perder a la persona que queremos. El problema surge cuando ese temor es persistente, desproporcionado y obsesivo, volviéndose patológico.

Los celos enfermizos o tóxicos

Cuando vives en constante estado de ansiedad por temor a perder a tu pareja, cuando piensas incesamente que te puede ser infiel, cuando estos pensamientos infectan tu rutina diaria distrayéndote de tu proyecto personal e impidiéndote disfrutar de la vida, es síntoma de que padeces celos patológicos, también llamados celotipia.

Para intentar evitar esto, las personas que sufren celos enfermizos empiezan a ejercer control sobre su pareja, en muchos casos ésta accede a ello por evitar el conflicto. Al principio preguntan sobre su rutina diaria o con quién van a ir, y después quieren tener acceso a su teléfono y a la contraseña de su correo electrónico y de sus redes sociales; su necesidad de control es insaciable. El celoso patológico va a emplear distintas estrategias de chantaje emocional para conseguir su objetivo: el control.

*"Si no tuvieras nada que ocultar
me enseñarías tu correo".*

CÓMO SABER SI TU PAREJA
TIENE CELOS PATOLÓGICOS

- Piensa constantemente que le puedes ser infiel.

- Cualquier persona que se acerca a ti es una amenaza.

- Controla siempre tus movimientos (dónde vas, con quién estás, cuáles son tus horarios, te llama...).

- Limita tu libertad.

- Cualquier interacción social tuya la ve como un coqueteo.

- Invade tus espacios íntimos (mira tu teléfono y redes).

Qué hacer si tu pareja tiene celos patológicos

No olvides que si accedes a darle tu intimidad a otra persona de una parte que es solo tuya, le estás haciendo el dueño de tu vida. Y aunque le des todas tus contraseñas, el problema es que el celoso interpretará cualquier señal o conversación como un signo de infidelidad y exigirá gradualmente mayores cuotas de control sobre ti para asegurarse de tu fidelidad.

Como comenté, en una relación es importante establecer límites. Si tu pareja padece de celos patológicos, su miedo a perderte hará que esas líneas establecidas desaparezcan. Te pedirá todo tipo de explicaciones y, posteriormente, identificará a las personas que considera que ponen en peligro su relación para que evites tener contacto con ellas. Si accedes a esto, no actuarás de acuerdo a lo que te gusta, sino a lo que quiere la otra persona.

En la mente del celoso patológico

A veces nos preguntamos qué es lo que le pasa a una persona para que tenga esas reacciones exageradas. En la mayoría de los casos los celos desproporcionados tienen más que ver con lo que pasa en la cabeza del celoso que con lo que la pareja haga. Los individuos que padecen celos patológicos identifican a otras personas como contrincantes, las perciben como amenazas que ponen en peligro su relación. Piensan así porque, normalmente, tienen la autoestima muy baja. Porque en el fondo no creen que ellos sean suficiente para merecer ser queridos.

Es típica la situación que se da cuando alguien está con su pareja, se cruza una persona que simplemente le sonríe y ella le devuelve la mirada. El celoso patológico identifica esto como una amenaza extrema y reacciona de forma desproporcionada, faltándole al respeto a su pareja o incluso enfrentándose a la otra persona, creando una situación muy desagradable.

"Pareces una golfa, ¿por qué no te vas con él?".

Una persona sin celos se habría dado cuenta de esa situación y hubiera pensado:

"Aunque muchos hombres la deseen,
ella decidió estar conmigo".

Si notas que tu pareja cada vez es más celosa, antes de que la relación se envenene más hay que tener una charla sincera. Pregúntale cómo le gustaría mejorar la relación, y después de escuchar sus puntos y tomar nota, debes confesar que te están incomodando sus celos y decirle qué necesitarías exactamente para que la relación no acabara destruyéndose. Aquí te incluyo varios puntos que te pueden ayudar pero también es importante que incluyas otros que consideres necesarios.

COSAS QUE DEBES DECIRLE SI QUIERES QUE LA RELACIÓN DURE

- Ejercer el control sobre mí solo va a provocar mi huída.

- No me hagas chantajes, ni pidas controlar mi intimidad.

- No me pidas contraseñas, no me sigas, respeta mi forma de vestir, respeta mis amistades.

- No soy tuya/o, yo he decidido libremente estar contigo.

- Amar no es celar, amar es respetar a la persona que amas.

- La base de la una relación de pareja es la confianza; si no confias en mi no podemos estar juntos.

Plan de acción para lidiar con una pareja celosa

En este momento, ¿sientes que tu relación, de ser un nido de amor ha pasado a ser una cárcel y tu pareja el carcelero? Desafortunadamente, tú le diste las llaves de tu celda y con ello aceptaste que algo habías hecho mal. En qué momento le diste todo el llavero de las llaves de tu vida... ¿Recuerdas cómo te conoció tu pareja? ¿Cómo vestías? ¿El trato que tenías con tus amigas? ¿Cómo disfrutabas tu tiempo libre? ¿Eres de las que ahora tiene que estar conectada, incluso obligada, a mandar imágenes o hacer videollamadas? ¿Ya has llegado a ese punto? Lo más curioso es que ha pasado de una manera tan gradual, casi sin darte cuenta. Lo peor de todo es que al final puedes llegar a intoxicarte con esa idea absurda del amor y a no poder salir del control, empezar a exigir lo mismo que te pide tu pareja y volverte una celosa también. Si esto es así, oficialmente ya son una pareja condenada a muerte.

Si todavía no te has intoxicado con el mismo veneno, no tienes celos patológicos y estás dispuesto o dispuesta a darle la última oportunidad a tu pareja, necesitas un plan de acción. En este plan tienes que dejar claro que lo quieres, aunque ya no estás a gusto con la relación, que es normal que haya gente que te preste atención, pero que tú eres la que eliges y que has decidido estar con él. Dale ejemplos claros y contundentes de sus ataques de celos, y si aun así no lo acepta, plantéate acabar con la relación. Si acepta todo esto tiene que acceder a ir a terapia, ya que la mayoría de los celosos tienen un problema de autoestima, por lo que aunque la situación mejore temporalmente es posible que vuelva a caer si no acude con un psicólogo que le ayude a trabajar sus inseguridades.

También es importante que entienda qué cosas no son negociables y qué quieres que se respete de tu vida, desde los tiempos hasta las amistades. Si tras varias sesiones de terapia ya está trabajando su autoestima y los temas de seguridad en sí mismo, un mediador podría ser de gran ayuda para reinventar la relación. Tienes que dejarle claro que esta es la última oportunidad y darle un ultimátum: si la relación no es sana, no vas a dejar que termine intoxicándote.

PLAN DE ACCIÓN SI TODAVÍA QUIERES A TU PAREJA, PERO ES UN CELOSO PATOLÓGICO

1º. Deja claro que lo amas, pero que no eres feliz.

2º. Prefieres estar sola a seguir con sus celos.

3º. Ofrece tres ejemplos claros que muestren que es celoso patológico.

4º. Crea un plan de acción no negociable que incluya terapia y reglas.

5º. Establece los innegociables: tiempos, espacios y compañías.

6º. Ultimátum: o se hace así o, a tu pesar, acaba la relación.

Qué hacer si eres tú el celoso

Si eres tú quien está envenenado con celos, es recomendable que analices tus inseguridades, pero también es vital aceptar que las personas no son como objetos, que no son tuyas y aunque alguien sea tu pareja la decisión de estar juntos es de los dos.

Cuando piensas que por ser la pareja de alguien tienes el "derecho" de tomar decisiones por ella, la relación cambia. De querer atraer a la pareja para captar su cariño, pasas a controlarla para evitar que te abandone. Con esto conseguirás justo lo contrario que quieres y es que se aleje de ti por huir de tu control. Siempre que te venga el monstruo de los ojos verdes, repítete este mantra:

"No soy el dueño de mi pareja; ella ha decido estar conmigo porque me quiere. Controlarla, solo me alejará de ella".

1.3 Amigos tóxicos

Elegir amigos está completamente en nuestras manos. No vienen impuestos por lazos de sangre o relaciones laborales, por lo que toda la responsabilidad de los amigos que escoges es tuya, siendo consciente de que parte de tu destino viene determinado por ellos.

Si esto es así, ¿qué necesidad tienes de rodearte de gente que no te haga bien? Para la mayoría, la amistad es una relación de afecto, simpatía y confianza que se establece entre personas que no son familia. Muchos de los conflictos asociados con la amistad no se deben a que ese amigo sea tóxico o nos haga daño, sino al nivel de expectativas que tenemos sobre la amistad, si éstas no se cumplen nos decepcionamos.

A veces lo que ocurre es que no podemos ponernos en el lugar de nuestro amigo para entender y aceptar las razones por las que toma sus decisiones. Si conoces a alguien que siempre se queja de no tener un amigo de verdad, probablemente el problema lo tenga él. Podríamos decir que no todas las amistades están hechas para durar una vida, en muchos casos porque las circunstancias que nos unían a esa persona cambian y nos vamos distanciando poco a poco.

Los amigos tóxicos son esos que, aunque tú los tienes como tales realmente no lo son o te quieren de una manera poco sana. Estos puntos te ayudarán a examinar tu relación con ellos:

- √ ¿Tienes que disculparte constantemente con ese amigo porque lo hieres sin intención?
- √ ¿Un chisme de un amigo hizo que te pelearas con el resto del grupo?
- √ ¿Cuando eres el centro de atención, ese amigo parece como que se enfada o entristece?
- √ ¿Sus golpes van acompañados del típico «te lo digo porque te quiero»?
- √ ¿Si quieres contarle un problema acaba hablando de los suyos?
- √ ¿Estabas alegre y tras un rato con él todo se volvió negativo y triste?
- √ ¿Sientes que siempre intenta cambiarte?
- √ ¿Siempre tiene razón y tú siempre tienes defectos?
- √ ¿En lugar de sentirte apoyado te sientes constantemente juzgado?
- √ ¿No le dices lo que piensas por miedo a sus reacciones?
- √ ¿Le presentaste a tus amigos y ya no quiere saber nada de ti?
- √ ¿Todo lo ve negativo y piensa que tú eres demasiado optimista?
- √ ¿Te confronta con gente sin necesidad, crea conflictos en vez de armonizar diferencias?
- √ ¿Alguna vez te hizo elegir entre su amistad y otras personas?

SITUACIONES CON AMIGOS TÓXICOS

Hay un ambiente de amistad tóxico que todos hemos vivido al menos una vez: el de los reencuentros de compañeros de la universidad o el de las reuniones de viejos amigos. Algunos rememoran los buenos momentos pasados juntos, pero otros vuelven a traer la basura del pasado, si la hubo, para que no la olvidemos. Otros se dedican a hacer exhibición de sus logros en la vida intentando dejar claro que los demás alcanzaron menos cosas que ellos.

"¿Cómo es que no acabaste con nadie?".

"¿Cómo es posible si sacabas unas calificaciones horribles?".

"¿Recuerdas cuando te dejó aquel novio del que estabas totalmente enamorada?".

Otro ambiente amistoso enrarecido se da cuando tus amigos y tu pareja no se llevan bien. Estás en medio de fuego cruzado y pueden surgir celos o envidias por ambas partes.

"Nos has cambiado por otro y ya ni te acuerdas".

"Ahora que ya no estás sola y tienes pareja no te acuedas de las amigas".

"Estás irreconocible desde que sales con él".

"¿No crees que tu mujer te tiene controladísimo? ¿Tienes que pedirle permiso para quedar?".

Recuerda que conocer a los amigos de tu pareja es conocerla a ella también. Y amigo tóxico será el que te chantajee haciéndote elegir. Si la situación se vuelve una competencia por tu atención, pon límites cuanto antes.

TIPOS DE AMISTADES TÓXICAS

Es difícil saber donde está la línea que distingue un amigo de un gran amigo pero con las amistades tóxicas es un fácil. Están aquellos amigos "peligrosos" que por su forma de pensar, exceso de negatividad o por el entorno en que se mueven nos pueden llevar a ambientes que no queremos e, incluso, a hacer algo que nos aleja de nuestro objetivo de vida. Normalmente la intención de este tipo de amigos no es hacerte daño, si bien los daños "colaterales" de su toxicidad los acabas sufriendo tú. Las amistades destructivas, pueden causar mucho más daño, ya que el objetivo de su daño eres tú. Así son los amigos que te envidian y sufren tus éxitos o como los trepadores que te utilizan como medio para conseguir algo. Para estos eres solo un escalón para llegar más alto y no les temblará el pulso si el precio de conseguir lo que quieran seas tú.

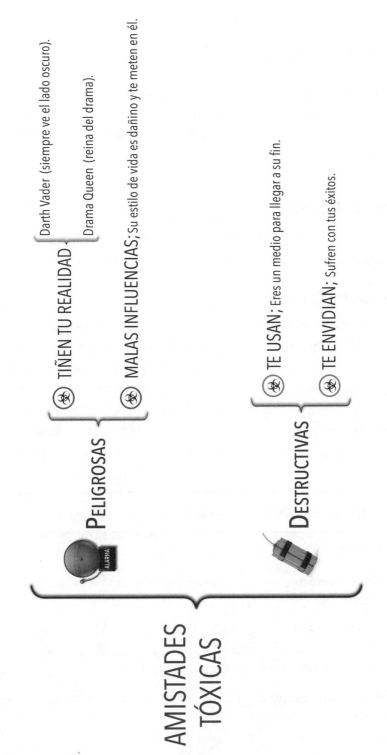

AMISTADES TÓXICAS

PELIGROSAS

- ⊗ TIÑEN TU REALIDAD
  - Darth Vader (siempre ve el lado oscuro).
  - Drama Queen (reina del drama).
- ⊗ MALAS INFLUENCIAS; Su estilo de vida es dañino y te meten en él.

DESTRUCTIVAS

- ⊗ TE USAN; Eres un medio para llegar a su fin.
- ⊗ TE ENVIDIAN; Sufren con tus éxitos.

AMISTADES PELIGROSAS

Contrariamente al tipo de amistades destructivas, de estos es muy difícil distanciarse porque te quieren o te aprecian, pero su estilo de vida y su forma de pensar o de reaccionar pueden hacerte daño.

Tiñen tu realidad

Tambien llamados «distorsioneitors» de la realidad porque distorsionan negativamente todo lo que les rodea.

- **Drama Queens**

  Seguramente tienes algún amigo o amiga que cada cosa que te narra es una tragedia y que todo lo que te cuenta tiene repercusiones negativas que alteran tu rutina diaria. Estos son las reinas del drama. Si no eres consciente y no relativizas lo que dicen, puedes tener una visión de la realidad distorsionada y reaccionar de manera inapropiada y hacer daño a terceras personas. Un ejemplo:

  No te vas a creer, pero me acaban de decir que van a llamar a la grúa ahora mismo porque has estacionado mal tu coche.

  Forma errónea de reaccionar, porque ya te has creído su película:

  ¿De verdad que ha dicho eso el vecino? Voy a salir a decirle lo que pienso de él, a ese desgraciado, ¿cómo se atreve a decir eso si estoy en mi lugar?

  Forma adecuada de actuar, informarte más detalladamente:

¿Te ha dicho eso? ¿Sabe que soy su vecina? Hablaré con él, a lo mejor no sabe que ese coche es mío, me lo compré hace poco.

Con estos amigos lo mejor es aplicar un filtro y preguntarles por los hechos exactos de algo, ¿qué te dijo exactamente?, ¿en qué te basas?, ¿te importa que yo hable con él para enterarme mejor? Afortunadamente, a estos se les puede reeducar o, al menos, conseguir que cuando se acerquen a ti su manera de hacer las cosas sea distinta.

• Darth Vaders

Con el otro tipo de amigos es un poco más difícil lidiar, son los Darth Vader de la amistad, llamados así por "La guerra de las galaxias", ya que, como su personaje, están en el lado oscuro y únicamente ven la parte negativa a todo. Como ellos son pesimistas, impregnan tu vida de gran pesimismo y si te levantas con toda la alegría del mundo el día más soleado, te lo hacen ver nublado. Siempre ven los peros antes de los pros. Te trasmiten sus miedos y su vida es una constante teoría de la conspiración. Estos amigos hacen comentarios como:

*"Te dijo que le gustaba tu blusa,
¿no querrá algo de ti?".*

*"¿Cómo vas a irte del país a trabajar?
Estás loca, luego volverás llorando".*

Te consuelan en tus peores momentos, pero no te ayudan a salir del agujero; en definitiva, es en su zona de negatividad donde más a gusto se sienten. Y cuando por fin sales del hoyo, con alguno de sus comentarios pueden ser más rápidos que la teletrasportación en hacerte revivir todo el dolor sufrido.

"Ahora estás bien, no me lo puedo creer,
¡con todo lo que te humilló y te hizo sufrir
tu exmarido!".

"Tu niño está hermoso,
pero ¿recuerdas lo mal que te sentó
enterarte de que estabas embarazada?".

Estos amigos se vuelven víctimas de lo que atraen. Se vuelven el muro de lamentaciones o el pañuelo para limpiarse las lágrimas de mucha gente que, cuando emocionalmente se sienten mejor, acaban alejándose de ellos. Si tienes un amigo que está muy en el *dark side*, sí, en el lado oscuro, y lo quieres, elije los momentos y los temas de los que quieres hablar y pon límites al impacto que puedan tener sobre ti. Si es un gran amigo y te encuentras con fuerzas, intenta contagiarle un poco de tu positivismo. Regálale libros, llévale a conferencias, a eventos que reten esa visión de la vida tan oscura. Al fin y al cabo, la realidad no es como la ves, sino como decides verla.

Las malas influencias

En muchos casos acabas haciendo algo que no quieres porque tu amigo te presióna con el fin de que lo acompañes. Accediendo a probar drogas, hacer algo que está mal o que puede causar daño a otras personas o a ti mismo.

"¿Me vas a hacer ir solo? ¿No me vas a acompañar?".

"Te tomas una cervecita y te vas, pero no me voy a quedar solo con esas mujeres"

"A tu mujer no le importará, solo es media hora".

Es importante saber que muchas de estas personas de verdad quieren a sus amigos y no son conscientes del daño que les están haciendo. Hay que tener especial cuidado con los adolescentes, porque con el objetivo de ser aceptados pueden llegar a hacer cosas que no saldría de su propia iniciativa, como por ejemplo probar las drogas o tener relaciones sexules a una edad demasiado temprana. Cuando eres joven no eres consciente que una amistad muy querida puede causar mucho daño.

ESTRATEGIA DEL TÓXICO

ESTRATEGIA DEL TÓXICO	TE HACE PENSAR QUE...	TU CONTRA ATAQUE
"Solo es probarlo; no seas cobarde. Nadie se hace adicto por probarlo una vez".	"Eres un cobarde si no lo haces".	"No me atrae".
"Todos vamos a llegar tarde al trabajo; espérate".	"Eres un mal amigo".	"Quiero salir pronto hoy; no quiero llegar tarde".
"No te tienes que acostar con ella si no quieres. Todos estamos casados. Solo es un striptease".	"Eres poco hombre".	"No quiero hacerlo. No hago lo que no me gusta que me hagan".
"Quédate un rato más. La última y nos vamos".	"Eres un mal amigo por abandonarle".	"Ahora me voy. Mañana nos vemos para correr".
"Todos tenemos un examen mañana y no nos vamos. Eres un aguafiestas".	"No te importan los amigos. Solo piensas en ti".	"Si no estudio, no apruebo. Nos vemos mañana".

Amistades destructivas

Esta clase de amigo, si lo puedes llamar así, no solo no lo es, sino que en casos extremos puede convertirse en tu peor enemigo. Entre este tipo de amistades están las que te usan como escalón para subir más alto. Aunque las verdaderamente destructivas son las que te envidan. Con estas tienes el enemigo dentro de casa.

Los que te usan

Hay ciertos amigos que solo quieren algo de ti y, aunque no necesariamente tienen sentimientos negativos hacia ti, no les importas. Por ejemplo, algunos te quieren porque tienes un buen círculo de amistades; tú les das igual, pero lo que hay a tu alrededor no. Puede que les guste cómo pasas tu tiempo libre o pueden ver a tus amigos como posibles contactos para crecer laboralmente. Son fáciles de detectar porque a los dos días de conocerte ya están interaccionando con tus amistades más cercanas como si fueran sus BFF, (Best Friend Forever) mejores amigos para siempre.

- √ Quieren conocer a tus amigos rápidamente, consiguen sus teléfonos e incluso se hacen amigos de todos ellos en las redes sociales.

- √ Si hay una persona que es el contacto de «oro», acaba teniendo un trato mucho más cercano con ella, olvidándose prácticamente de ti.

- √ Si antes quedaba contigo para ir a un sitio, ya queda allá donde está tu círculo social.

√ Dependiendo del grado, pueden acabar de BFF con uno de tus amigos, prescindiendo de ti y agarrándose a la presa que más le interesa para lo que necesita en ese momento.

√ No te extrañe si acaba hablando mal de ti; recuerda que ya representas más un estorbo y eres la única persona que conoce sus cartas y, sobre todo, ya le diste lo que quería.

Hay una variante de este tipo de amigos que se delatan pronto porque te piden rápidamente el gran favor.

"¿Me puedes recomendar para este trabajo?»

«¿Me puedes presentar a esta persona?".

En la mayoría de los casos tienen demasiada impaciencia para conseguir sus objetivos y el daño que te hacen en términos emocionales es mucho menor.

Por otra parte, te puedes sentir dolido con amigos que se acercan a ti para hacer *networking* y conocer gente dentro de tu ámbito laboral. La realidad, en muchos casos, es que somos nosotros los que los malinterpretamos y confundimos relaciones laborales cordiales con amistad.

Amistades envidiosas

La persona que te envidia es imposible que tenga una relación sana contigo, porque sufre tus logros y se alegra de tus sufrimientos. Eso no quiere decir que desear, a veces, que nos ocurran las cosas buenas que les pasan a nuestros amigos sea malo; el problema surge cuando se sufre por la buena suerte de éstos.

Algunos envidiosos sienten que las cosas que son tuyas les pertenecen hasta tal punto que llegan a interferir entre tú y tus relaciones. Te preguntarás por qué entonces sigue cerca de ti si desea tan poco tu felicidad. Puede ser debido a que como su autoestima es tan baja no se cree que pueda conseguir algo solo, sino a la sombra de alguien, y en vez de pedirte ayuda prefiere quitarte lo que es tuyo.

Muchos disfrutan, incluso gozan, ejerciendo cierto poder sobre ti: desde detalles simples como criticar tu *look* un viernes en la noche, hasta los más elaborados, como hacer que discutas con otros amigos. Lo que realmente quieren es que te sientas mal. Es una manera de sentirse ellos mejores o superiores, pero no les funciona nunca porque su inseguridad les lleva a pensar constantemente que hay alguien mejor que ellos.

Es la típica "amiga" con un "pero" siempre en la boca para quitarte seguridad y bajarte la autoestima. Te dice que el vestido es bonito, "pero" que no va con tus caderas; que le gusta tu novio "pero" qué pena que sea tan mirón; que critica a tus amigos o busca ponerte siempre en evidencia delante de todos. Hace comentarios como:

"Es tu novio y no quiero que sufras,
pero tiene fama de haber estado con todas».

"Dicen que son tus amigos, pero si supieras
lo que dicen de ti".

El *modus operandi* del amigo envidioso es muy claro: cuando te ocurre una desgracia acude raudo y veloz, más que para darte su apoyo para disfrutar con tu dolor. Es la amiga que dice «te lo digo porque te quiero», y con esa excusa vive señalándote los defectos que te ve o sufre en silencio tus éxitos.

La envidia es destructiva. La verdadera amistad suma y nos hace crecer. A un amigo lo admiramos, lo cuidamos, pero no lo envidiamos. Amistad y envidia están contraindicadas. La única solución es prescindir de esa amistad. Tal como suena y así de duro, ¡hasta la vista baby!

Érase una vez un sapo que empezó a perseguir a una luciérnaga. La pobre huía muerta de miedo, pero el sapo no dejaba de insistir en alcanzarla.

La luciérnaga agotada y sin fuerzas fue alcanzada por su venenoso escupitajo y, moribunda, le preguntó al sapo:

—Si estoy indefensa, ¿qué mal te hice?

—Ninguno — contestó el sapo.

—Entonces, ¿por qué?

—¡Porque no soporto verte brillar! —le respondió.

Adaptación de la fábula
de Juan Eugenio Hartzenbusch

1.4 JEFES Y COLEGAS TÓXICOS

Responde a mi pregunta, ¿es tu jefe respetuoso, cooperativo y competente? Si la respuesta es no, con toda probabilidad te ha tocado un jefe tóxico.

Hay personas que manejan el poder sin despeinarse, pero a otras esta facultad se les va de las manos. En una empresa vemos la toxicidad ejercida desde el poder con frecuencia y es, sobre todo, en los mandos intermedios cuando más se nota.

El ambiente laboral creado por tu jefe te puede hacer sentir que no tienes ningún control sobre tu propio trabajo. No manejas los horarios, ni los objetivos y no abres la boca para no tener que soportar una reacción negativa o una descalificación pública por su parte. Además, estás desmotivado, pues realizas más funciones de las que te corresponden sin darte el crédito, no tienes vida propia por las horas que pasas trabajando y tu salario no es acorde a tus responsabilidades.

Lo importante, como llevamos insistiendo a lo largo de estas páginas, es detectarlo. Lo tienes claro: es un jefe tóxico, un "jefastro" y ya sabes el origen de tu malestar laboral. No son imaginaciones tuyas, no te lo atribuyas a ti y mucho menos te creas que eres un incompetente. Lo que sí es recomendable hacer es tomar nota de sus incapacidades para que si alguna vez te toca tener gente que trabaje para ti, no las repitas tú.

ASÍ PIENSA UN "JEFASTRO"

- Si algo sale bien es porque soy un buen jefe.

- Si algo sale mal es porque eres un mal empleado.

- Liderar es seguir mis órdenes.

- El mejor trabajador es el que echa más horas.

- Un jefe no debe ser simpático o pierde el respeto.

- Si hay mal ambiente entre compañeros que se arreglen entre ellos.

- Un jefe maneja cifras, no personas.

- Los empleados deben dar gracias por tener un empleo.

- Delegar arriesga la calidad del trabajo.

ESTRATEGIAS PARA LIDIAR CON JEFES TÓXICOS

Ante todo debes saber qué cosas son capaces de calmarte y relajarte para no actuar impulsivamente. Cuando sepas que tienes que hablar con él o que se avecina una tormenta, practícalas justo antes: un paseo, respirar, estiramientos o escuchar música. Analiza qué es lo que temes o te puede sacar de tus casillas y, así, no darle lo que quiere.

QUÉ HACER SI NO SOPORTAS SU PREPOTENCIA

Muchos jefes tóxicos se ven con el derecho de utilizar el «porque lo ordeno yo». Esa estrategia desmotiva a la mayoría de los empleados, pero detrás de un «te lo digo yo» hay una persona insegura que no sabe cómo motivar a sus subordinados y los percibe, más que como una ayuda, como una amenaza. Tienen miedo de que te des cuenta que no saben manejar la situación.

Un jefe tiene que ser el líder, tiene que ganarse el respeto y la confianza de sus empleados; si no lo consigue por falta de habilidades lo compensa imponiendo. Cuando te den una orden, no te calles las otras alternativas que ves tú al mismo problema y justifica por qué consideras que pudieran funcionar mejor. Si la suya falla, la probabilidad de que lleve a cabo alguna de tus opciones será mayor por el miedo a perder su puesto. Es prepotente, pero sabe quién le saca el trabajo adelante.

"¿Esa elección es buena, pero esta nos permitiría ahorrar más en la empresa. ¿Jefe, cuál de las dos tomamos?".

QUÉ HACER SI PONE EN ENTREDICHO TU TRABAJO

Si el jefe o la jefa se centra en los comentarios de los colegas, los rumores o vidas personales, asegúrate de llevar la conversación hacia tu rendimiento laboral. Pregúntale, ¿faltas a tus responsabilidades? ¿Estás cumpliendo objetivos y realizando un buen trabajo? ¿Qué quiere exactamente que mejores? Se trata de dejar de lado el dato ambiguo y centrarte en el dato objetivo para mejorar donde dice.

*"Te agradezco que me des tu opinión sobre mi trabajo
y que me digas qué no estoy haciendo bien
y cómo puedo mejorar".*

QUÉ HACER SI INVADE TU VIDA PERSONAL

¿Reuniones y llamadas a diestra y siniestra? ¿Mensajes de texto por la noche? Si la toxicidad laboral ya invade tu vida privada, déjale claro que no puede disponer de tu tiempo a su antojo. Desconecta al salir del trabajo. No tengas miedo, cuando quiera que algo te llegue, buscará la manera más efectiva de hacerlo y no la más cómoda para él.

*"No puedo dedicarle más tiempo,
pero el lunes lo solucionaremos".*

QUÉ HACER SI SU COMPORTAMIENTO CONTIGO ES INADECUADO

Si tu jefe atraviesa los límites o se sobrepasa, bajo ningún concepto adoptes el papel de víctima porque sea el jefe. Pero si es importante que pongas límites desde el principio, el acoso empieza de manera escalonada. Con tranquilidad, ponlo en su sitio a la primera señal, si lo dejas continuar por no ser grosero después tendrás que ser más tajante y le dolerá más.

*"Disculpa, puedo entender tu postura,
pero no estoy de acuerdo".*

*"Gracias por el halago pero le agradecería que solo
hiciera comentarios sobre mi trabajo".*

Qué hacer si constantemente te está quitando mérito

Aunque muchas empresas no permiten que se salten las jerarquías, si tienes la oportunidad aprovecha para subrayar tus logros personales, incluyendo siempre la gente que colaboró contigo, por si el jefe tóxico tuviera la tentación de disfrazarlos como propios.

> *"¿Les parece que en la próxima reunión explique cómo lo hicimos?".*

Todos vamos a tener un mal jefe alguna vez, la clave es que no dinamite ni la motivación por tu trabajo ni tu autoestima. Un día acabarás trabajando con un equipo de gente en el que tú llevarás el timón del barco. Aquí tienes algunos puntos a tener en cuenta para ser un buen jefe.

√ No seas inseguro, soberbio o descalificador.

√ Define las funciones y responsabilidades de forma muy clara (es esencial que tus empleados sepan lo que se espera de ellos).

√ Valora el rendimiento por encima de cualquier otra cosa, debes dejarlo claro (lo que cuenta es el desempeño objetivo y esto evitará situaciones tóxicas o de abuso).

√ Detecta situaciones y empleados tóxicos (está en tu mano intervenir en los abusos de poder).

√ Busca el talento único de cada miembro de tu equipo y descubre cómo aprovecharlo.

COLEGAS DIFÍCILES

Quien no haya dado con algún compañero de trabajo tóxico que tire la primera piedra, ¡es prácticamente imposible! Sigue leyendo, seguro que reconoces a alguno.

EL «TREPADOR»

Si hay uno que da verdadero miedo es el compañero "trepador" que se apropia de tus logros antes de que te des cuenta. Tiene un arte especial para agenciarse lo que no es suyo, el trabajo de otros, le sirve para escalar puestos con ideas y sugerencias que son de tu cosecha propia.

"¡Pero si eso se lo comenté yo!
¿Cómo puede haberlo olvidado?".

No lo ha olvidado y con este tipo de colegas información gratuita, la justa. Tus ideas, proyectos y demás, a tus superiores siempre antes que a este tipo de colega. A veces no solo se limita a esto, si no que, además, quiere eliminar cualquier competencia descalificando a otros, no respetando el resto de puntos de vista o menospreciando el trabajo de los demás, llegando incluso a boicotearlos se vuelve especialmente tóxico.

EL «NO CIERRA EL PICO»

Es el típico colega que aún sabiendo que tienes mucho trabajo, ignora tus prioriadades y pone primero las suyas. Aquí lo importate es que quiere contarte algo que es muy importante para él sin tener en cuenta que tú tienes que acabar tu trabajo. Inconsciente o conscientemente sabe que eres tan educa-

do que se te hará imposible negarte a parar la conversación. Y ahí te quedas tú, recuperando el tiempo perdido. Se le reconoce porque cuando hace acto de presencia todo el mundo empotra la cabeza en el teclado esperando que se desanime ante tal estado de concentración. Prueba con la frase mágica:

"Perdona, hoy no tengo ni un minuto".

EL «CHISMOSO»

Variante del anterior, pero especializado en hablar mal de otros compañeros. Siempre van por detrás, su objetivo es acabar con la reputación o credibilidad de alguien y buscan un compinche que les ayude a añadir más leña al fuego. Aléjate de esa persona o te hará un eslabón de su cadena de chisme. No lo escuches, no le des nada a lo que agarrarse y, como el que calla otorga, si te habla mal de alguien ponle un freno y nunca pases sus comentarios a otra personas.

"Si te consta que hizo eso quéjate, conmigo nunca ha sido así, es muy honesto".

"¿Fulanito? lo conozco, sí, es una persona encantadora".

EL «ESCAPEITOR»

Retrasa al resto, llega tarde, no respeta tiempos ni normas y cuando es necesario, simplemente no está. La informalidad es su estilo característico y muchas veces el equipo prescinde de su existencia para no poner en riesgo el trabajo de todos y acaba realizando su trabajo. «¿Cómo es posible que este holgazán siga aquí?». Esa es la pregunta que flota en el aire y que todos ya saben, alguién lo ha puesto ahí por algo, afinidad personal o sexual, deudas personales. Afortunadamente, este tipo de personas, cuando las cosas van mal, son los primeros de los que prescinden porque no sacan el trabajo adelante.

El «PALANCAS»

Esta persona consiguió su trabajo sin pasar los procesos de selección del resto, en definitiva recibe la ayuda o palanca de alguien. Es intocable porque alguna mano en las alturas lo consiente y esto es especialmente nocivo, pues surgen las comparaciones entre empleados y eso enrarece el ambiente laboral.

Hay colegas "palanca" que aprovechan un favoritismo para conseguir un puesto de trabajo, pero se esfuerzan en demostrar su valía y ganarse el respeto de los colegas. Hay otros que se aprovechan para recibir mejor trato, seguir trepando dentro de la empresa sin importarles el resto y abusando de su poder. Este tipo de gente sabe que tienes miedo a sus represalias y pueden pedirte cosas que no corresponden con tu trabajo. No lo hagas y siempre mantén una comunicación formal para poder demostrar que tú hiciste tu trabajo bien.

"Perdona, tengo que seguir trabajando".

ESTRATEGIAS PARA LIDIAR CON COLEGAS TÓXICOS

La regla esencial una vez detectado el colega tóxico es averiguar qué quiere.

Como en la toxicidad emocional el daño es una cuestión de grados, hay colegas con quienes va a ser muy fácil lidiar y otros que, literalmente, pueden pasar a ser una tortura. Algunos pueden incluso llegar a cuestionar tu valía profesional, que es exactamente lo que pretende cuando se te acerca con sus consejos «por tu bien», pero que realmente son críticas disfrazadas. Puede pasar que incluso te vuelvas el punto de mira del tóxico y que, literalmente, se obsesione en hacerte la vida imposible. La clave es que no te haga perder el control, ya que es precisamente lo que quiere, preferiblemente delante de gente, y si son tus superiores, mejor. Con este tipo de personas no puedes dudar y el intentar tener una relación armoniosa simplemente no funciona. Pon límites, cuídate, guarda las pruebas de su acoso, o será tu palabra contra la suya, pero tú dando las voces. A continuación te incluyo también unos aspectos que es aconsejable que tengas en cuenta cuando tratas con un colega altamente tóxico.

TOLERANCIA CERO Y SEGURIDAD EN TI MISMO

Esta es tu principal herramienta para que desista, porque le queda claro que contigo sus mañas no funcionan. Si no le pones freno puede pensar que tiene el campo libre y tú te sentirás cada vez peor por no pararle los pies. Que no te hagan sentir culpable. Di «no» sin remordimiento alguno y piensa que todo el tiempo que te robe luego tendrás que recuperarlo sin su ayuda.

No le dejes apropiarse de tu tiempo y de tu energía

Aunque sepas que está abusando de ti, si cedes debes saber que estás ayudando a alguien que no se pondrá nunca en tu lugar y nunca te ayudaría a ti. ¿No me crees? Pues dale la vuelta a la tortilla y pídele tú que haga algo por o para ti. No lo hará.

No des rodeos, ve directo al grano

No te conformes con desahogarte o quejarte y exponer su comportamiento con otros colegas. ¿No has pensado que eso es lo que puede querer, volverte gris y una víctima? Si tienes que quejarte de su conducta, acude directamente al mismísimo tóxico, sin intermediarios.

No dejes que entre en el terreno personal o de tu vida privada

Intenta que su comunicación sea por escrito. Por teléfono o personalmente es más fácil que te haga perder los nervios. Y si no es posible una solución entre ustedes, acude a quien pueda resolver la situación: tu superior. En el caso de que tu superior ignore lo que le digas o incluso menosprecie las pruebas que le muestras, merece la pena que empieces a considerar buscar otras opciones laborales; si toda la estructura de la compañia está enferma, tarde o temprano acabará enfermándote a ti. Si no sabes si el daño emocional está causado por una persona de tu trabajo o por la empresa donde trabajas, en el capítulo de ambientes tóxicos encontrarás las respuestas.

TOXICIDAD DIGITAL

Seguro que conoces el famoso dicho "veinte años no son nada". ¿Sabías que con solo veinte años se puede acabar en un museo? Pregunta a Simón, el primer teléfono inteligente que ya está en el Museo de Ciencias de Londres. Este fósil tecnológico nos da una pista sobre la velocidad de la revolución tecnológica, pero también de la velocidad de adaptación que debemos tener para los cambios tan radicales en la forma de relacionarnos tras la aparición de Internet y los *smartphones*.

No exagero. Las pantallas han cambiado la manera de socializarnos; ya pasamos más tiempo «en línea» que durmiendo. Este mundo ha impactado radicalmente en la forma de sentir, de comunicarnos, de vivir la sexualidad y en la intensidad de nuestros recuerdos.

A los profesionales que más ha sorprendido esta revolución es a los psicólogos. De la noche a la mañana se nos han presentado cambios de comportamientos y reacciones completamente nuevas.

*"Mi hija está muy deprimida porque su amiga
la bloqueó en Facebook".*

"Nunca se han visto en persona pero están enamoradísimos".

"Se vengó y puso las fotos de su ex desnuda en la red".

"Ya le iban a dar el trabajo, pero vieron sus fotos de Facebook y lo sacaron del proceso de selección".

Al principio, con la llegada del gas a las casas creció el número de intoxicaciones y explosiones. Ahora todos sabemos las medidas que hay que tomar para prevenirlas. Demonizar el uso del gas hubiera sido frenar muchos avances y comodidades que tenemos hoy, y lo mismo ocurre con el desarrollo digital.

Los medios digitales han llegado para quedarse y, además, para mejorar muchas facetas de nuestra vida, pero mal usados pueden dejar secuelas fatales. Su efecto en las dinámicas familiares puede volverse tóxico, especialmente cuando se usan para resolver conflictos que tenemos que solucionar nosotros mismos. Un ejemplo claro es cuando tenemos que manejar un berrinche de nuestro hijo en un restaurante, le damos la *tablet* para que se quede callado y no moleste. Lo que inicialmente parece una solución de un conflicto, resulta ser lo contrario, estamos dejando de enseñar buenos modales a nuestro hijo en la mesa.

El crecimiento tecnológico va mucho más rápido que nuestro desarrollo emocional. Tenemos un exceso de información que es imposible filtrar y relativizar emocionalmente. Hasta hace poco, el cerebro racional, el neocórtex, ayudaba a relativizar la nueva información o atribuirla a emociones según de qué se tratara. Por ejemplo, con la aparición de la espada nuestros ancestros aprendieron a asociarla a un sentimiento de seguridad si era nuestra, y a miedo si quien la tenía era otra

persona. Integrábamos la información y la colocábamos dentro de nuestra librería emocional.

En los últimos cinco años se ha producido más información digital que en toda la historia de la humanidad. Los medios digitales juegan con nuestro nivel de atención e intentan causarnos impacto emocional para que sigamos con ellos en lugar de ser nosotros los que tomemos el control y los que filtremos racionalmente o relativicemos para darles o quitarles importancia.

Entran directamente en nuestras emociones, ya sea para distraernos con un video gracioso que nos hace procrastinar y dejar las cosas para más tarde, crearnos complejos al ver fotos de cuerpos perfectos o causándonos miedos excesivos porque hemos visto un atraco cruel. Cuando vamos al cine somos conscientes de que vamos a sentir una ola de emociones que transmite la película, pero cuando encendemos la pantalla de nuestro dispositivo móvil, sin darnos cuenta, estamos dejándonos llevar donde otros quieren, cediéndoles el timón de nuestras emociones y de nuestros pensamientos.

Ser consciente de esto ya te coloca en otra posición. Tú pones las reglas de quién y qué entra en tu vida. Cuanto más consecuente seas, mejor será tu criterio de selección, dejando acceder aquello que te enriquece y dejando fuera aquello que te hace tomar decisiones bajo un criterio erróneo, terminando así en un sitio donde ni querías ni quieres estar.

2.1 IMPACTO DE LOS DISPOSITIVOS DIGITALES EN LA MEMORIA

La memoria es uno de los grandes afectados por esta sobre-estimulación que provocan los dispositivos digitales. Muchos asocian la pérdida de memoria a la edad, pero los dispositivos móviles y los nuevos estilos de vida tienen un peso mayor que las canas. Para que un momento se recuerde y sea parte de la memoria necesitamos de varios elementos: atención, un vínculo emocional y la asociación a otros estímulos.

CÓMO AFECTAN LOS MEDIOS DIGITALES A LOS VÍNCULOS EMOCIONALES

Recordamos mejor lo que se relaciona con sucesos emocionalmente significativos. La mayoría, por ejemplo, no olvidamos lo que estábamos haciendo cuando se produjo el triste acontecimiento de las torres gemelas, simplemente porque la emoción que tuvimos fue tan fuerte que nos rescata todos los detalles asociados con ese día: dónde estábamos, con quién y probablemente qué estábamos haciendo justo en ese momento. Un acontecimiento emocionalmente importante queda

unido a otros estímulos: el lugar, la gente, las conversaciones, el sabor, el olor o la música. A quién no le ha pasado de oler una comida y acordarse de ese momento en que estaba con su abuela. O entrar en la casa de un ser querido y empezar a recordar muchísimas cosas que creíamos tener olvidadas. Cuando recuerdas la noche de Reyes, seguro que también te acuerdas de las conversaciones que tenías con tus hermanos, de cómo era tu habitación de pequeño e incluso de cómo estaba organizada tu casa. Esto es así porque todos tus sentidos y tu atención estaban puestos en ese acontecimiento.

Pues bien, ahora, el 70 por 100 de la información que nos llega está viciada por los medios digitales, bien por un texto, bien por un surfeo en la red o por cualquier tipo de aviso digital. Nos están hablando mientras parte de nuestra atención está en otra cosa. Esto rompe la atención y las asociaciones que hacemos. La próxima vez que te cueste recordar algo no lo achaques tanto a la edad, sino a la poca presencia que le concediste a ese instante o a esa persona.

CÓMO AFECTAN LOS MEDIOS DIGITALES EN LA MEMORIA DE LOS NIÑOS

Una de las tareas más difíciles con los niños es mantener su interés. Se distraen constantemente y es natural, su entorno está lleno de cosas nuevas y su atención se desvía con facilidad. De ahí que en la etapa temprana de la vida sea tan importante aprender con todos los sentidos para desarrollar la inteligencia sensorial: hay que tocar, oler, ver, oír y saborear. Cuando ponemos a un niño ante una pantalla, su interés se centra por completo en la gran estimulación que emite. Esto hace que su atención al resto de lo que le rodea se interrumpa, y lo que ocurre a su alrededor no se perciba tan fuertemente e incluso pase desapercibido. Por eso es tan importante limitar estos medios en los niños y prohibirlos completamente antes de los dos años.

Otro aspecto negativo en la memoria de un niño por el mal uso de estos medios son los recuerdos familiares. Somos nuestros recuerdos, y los que generamos en la infancia nos acompañan el resto de la vida. Un ejemplo son los viajes familiares en coche para veranear que hacíamos la generación que entonces no teníamos dispositivos móviles. Disfrutábamos viendo los paisajes, hablando con nuestros padres y hermanos, compartiendo actividades como cantar y, cómo no, preguntando cada media hora cuándo llegábamos. Eran espacios de interacción familiar y de fortalecimiento de vínculos emocionales. Estos recuerdos y esos aprendizajes permanecen en nosotros, afianzan nuestra inteligencia emocional y los acabamos saboreando en la edad adulta. Ahora, durante los viajes, cada miembro de la familia está con su teléfono o su tableta, aislados en su realidad, sin disfrutar del paisaje, ni de los olores y, sobre todo, sin saborear un momento familiar único.

USO Y ABUSO:
DE LA UTILIDAD A LA TOXICIDAD

La clave para que este medio no se vuelva nocivo es saber cuándo su uso se está transformando en abuso e, incluso, en adicción. Y para esto lo primero que hay que saber es ante qué tipo de interacciones es más fácil volvernos tóxicos.

INTERACCIONES DIGITALES QUE PUEDEN VOLVERSE TÓXICAS

Videojuegos

Mensajes de texto

Redes sociales

Pornografía

Espectadores compulsivos de series

Google/buscadores de videos. Infobesidad

REDES SOCIALES

Hasta hace poco estábamos obligados a relacionarnos con gente de nuestro círculo y si teníamos una inquietud distinta a la del resto como, por ejemplo, la fotografía artística, llegábamos a sentirnos completamente aislados e incomprendidos.

Ahora podemos ser parte de un grupo en Facebook y comunicarnos con personas afines a nosotros, por lo que la red social se convierte en un maravilloso medio para mantenernos conectados. Pero cuando Facebook u otras redes sociales se convierten en una búsqueda de reconocimiento social por parte de otros o fuente de interés por la vida de los demás, la relación, en ambos casos, con las redes sociales se vuelve enfermiza.

Para gente que tiene baja su autoestima, Facebook es un medio para sentirse aceptado y reconocido socialmente. Se dedican a colgar fotos y mensajes buscando esa aprobación de otros a través de *likes,* conectándose constantemente para ver si alguien les ha dado un «me gusta», lo cual les proporciona un placer inmediato, pero en ningún caso ayuda a fortalecer su autoestima. Su felicidad o infelicidad diaria se basará en el número de «me gusta» de cada día.

Este fenómeno puede volverse tan extremo en la búsqueda desesperada del reconocimiento social que su baja valoración se transforma en soberbia. Es entonces cuando empiezan a compartir en las redes sociales sus mejores momentos con el fin de causar envidia entre sus contactos. A esto se le llama *braggie.* El término deriva del inglés y se traduce como 'presumir' o 'fanfarronear', y va acompañado con fotos y textos tipo:

*"Mientras ellos están en la oficina,
yo estoy con unos mojitos en la playa".*

Si bien esto no es nuevo en las redes sociales, la tendencia va en aumento, y nos lleva a preguntarnos si es más importante presumir con los amigos virtuales de lo bien que lo estamos pasando que en realidad pasarlo bien. La necesidad de reconocimiento virtual es tal que el 25 por 100 de los par-

ticipantes, en una investigación realizada por una web de un prestigioso hotel, afirmó que subía una imagen a alguna red social durante la primera hora tras llegar a su destino.

Otras personas a través de Facebook desplazan el interés por su propia vida a la de otros; sí, tu realidad se vuelve la realidad de otros. En estos casos podrían estar padeciendo el síndrome de FoMO, acrónimo en inglés de *fear of missing out,* que puede traducirse como 'miedo a perderse algo'. Este concepto se relaciona principalmente con el abuso de las redes sociales. El deseo de estar conectados permanentemente y de estar al tanto de todo lo que están haciendo los otros hace que muchas personas se vuelvan prácticamente dependientes de las redes sociales por temor quedar fuera o a dejar de conocer algo, esto les genera mucha ansiedad.

Si sientes que puedes estar sufriendo de FoMO, una buena forma de empezar a superarlo es reconociendo que lo que tus contactos publican es una versión maquillada de la realidad. Compartimos las fotos del viaje a la playa pero no las peleas con la pareja. Al igual que ordenas tu clóset o limpias tu computadora, periódicamente tendrías que revisar tus redes sociales e incluso depurar a tus amigos. Si hay alguien que te está causando daño o si has acabado una relación y esa persona sigue entre tus amistades, castigarte con su presencia virtual es revivir un dolor innecesario. Si sientes que alguien es tóxico o que está influenciando negativamente en tu vida, sácalo de tus redes; no tienes necesidad de que nadie tiña de negro tu espacio emocional. Por último, no olvides que cada red social tiene un fin. Lo mismo que no pones tu ropa íntima con tus plumas y borrador, no incluyas en las redes de amigos a gente de tu trabajo, si no son amigos, claro, para ellos tienes otras como LinkedIn. Cada persona en tu vida tiene un espacio y un lugar, y si no los ordenas tú, acabarán colocándose donde ellos quieran.

Videojuegos

La industria del videojuego es una de las que más beneficios genera en los medios digitales. Son utilizados por todas las edades y su versatilidad es impactante. A golpe de click puedes verte sumergido en un mundo de fantasía, donde te transportas a otro lugar y otro momento. Esto explica las grandes pasiones que despiertan los videojuegos. Al hecho de jugar se suma el de poder compartir la experiencia compitiendo en línea con otras personas. En un mundo virtual vives una experiencia real y, además, es una excusa para conocer gente.

Con moderación, alguno de estos juegos proporcionan agilidad mental, mejoran la concentración y nos activan mentalmente, pero en cuanto su uso se vuelve abuso, nos aíslan hasta tal punto que la persona puede descuidar su trabajo, estudios o alimentación, causando depresión u otros trastornos de la personalidad. Tienen tanto impacto, que la única vez que el tráfico de las páginas de porno disminuyó fue el día del lanzamiento del último videojuego y que motivó a que miles de usuarios invadieran las calles para cazar "criaturas virtuales".

Mensajes de texto

Los famosos mensajes de texto son la manera de muchos para comunicarse, pero para otros también es la forma de distraerse de lo que está pasando a su alrededor. Cuando estás manteniendo una gran conversación y no puedes esperar a mirar el aviso de mensaje, cuando duermes al lado del teléfono y lo primero que haces al despertar es comprobar los mensajes

sin siquiera haberte levantado, o cuando estás en el cine y tienes que ver quién te escribió, puedes haberte convertido en adicto sin imaginarlo.

Mirar al teléfono cuando estás escuchando a alguien, además de ser una falta de educación, rompe la dinámica que estabas teniendo con esa persona, más allá de que se dé cuenta de que no le estabas haciendo ni caso. ¿Quién puede ser tan importante para que dejes todo lo que estás viviendo en ese momento? ¿Qué dice de ti este comportamiento?

Pornografía

Las pornografía y el voyerismo han existido desde el principio de la historia de la humanidad. Para el hombre, una imagen vale más que mil palabras. Antes optaban por ver mujeres desnudas en fotos, en los ochenta se elegían videos en Beta y Vhs y ahora son los videos en Internet. A golpe de dedo y de manera gratuita podemos acceder a cualquier imagen, mujeres, hombres, tríos y todo lo que podamos imaginar. El uso excesivo de este tipo de páginas se está volviendo un gran problema, por lo pronto, porque se enseña de manera incorrecta la sexualidad.

Si este material llega a manos de un adolescente, puede aprender muchas maneras incorrectas de tratar a su pareja; es la antítesis de la educación sexual e, incluso, ejemplo de maltrato. En algunas páginas, la cosificación de las mujeres es extrema y puede incitar a la violencia de género. Por otra parte, ver porno en Internet puede volverse fácilmente una adicción, porque la estimulación visual tan impactante que reciben de los videos va seguida de un placer extremo cuando llegan al clímax, lo que convierte fácilmente esta conducta en adictiva.

Por si fuera poco, se está dando un nuevo tipo de disfunción eréctil. A jóvenes completamente sanos se les hace imposible tener una erección, e incluso los fármacos no les sirven de ayuda. Esto se produce porque, a la hora de tener relaciones reales, el cuerpo de una mujer normal no les excita, ya que están tan acostumbrados a recibir imágenes impactantes que la realidad la perciben como demasiado pobre. Es como cuando una persona se acostumbra a comer todo como mucha sal; cuando prueba algo que está aderezado correctamente no le sabe a nada.

Como ciudadanos tenemos que proteger a nuestros menores, y pedir a los grandes buscadores que ayuden más a los padres y restrinjan más sus páginas de sexo. Este tipo de imágenes pueden impactar negativamente en el desarrollo emocional de los niños y no es ético que estén disponibles con tanta facilidad. Prueba a escribir en Google u otro buscador palabras como porno, xxx o sexo y busca en imágenes, verás la cantidad de información a la que los niños están expuestos.

Como posiblemente se va a tardar en conseguir todo esto, dedícale un día entero y con un experto a asegurarte de que tus hijos están completamente blindados a esta clase de material y otro que pudiera dañarles, repitiendo este control periódicamente.

Google/buscadores de videos: infobesidad

¿Eres de los que trabajan con la computadora, y mientras revisas el *mail* de la oficina abres una ventana para ver las noticias que te llevan a visitar un blog, para después entrar a ver un video y acabar opinando sobre un tema que no tenía nada

que ver contigo? Si te pasa esto con frecuencia puedes estar sufriendo de infobesidad.

Normalmente lo hacemos de manera inconsciente para tratar de evadirnos de una obligación. Acabamos con un exceso de información de algo que no es relevante con esa actividad, por lo que nos olvidamos de nuestro objetivo. Cualquier información se vuelve importante y nos engañamos pensando que hacemos algo productivo, pero la realidad es que van pasando días y días sin que acabemos lo que tenemos que hacer. ¿Resultado? Ansiedad y baja productividad. A todos nos ha ocurrido alguna vez, pero si eres de los que siempre te pasa, probablemente seas un procrastinador o persona que pospone casi de manera compulsiva aquella actividad que tiene que hacer por el miedo a enfrentarse a ella.

Otras veces no es cuestión de procrastinar, y la infobesidad viene del exceso de actividades digitales que llevamos a cabo y la consecuente sobrecarga de información con la que lidiamos diariamente, la cual no solo nos deja con muy poco tiempo libre, sino que nos deja agotados. Y es que son ya legiones de personas las que no saben desconectar y dejar claro a los que les rodean que no están disponibles las veinticuatro horas del día.

ESPECTADORES COMPULSIVOS DE SERIES

Muchos todavía están a tiempo de evitarlo, pues aún ven las series en televisión, pero otros ya viven en la realidad de las series descargadas para poder ver toda una temporada en un solo día; sí, los doce capítulos. Se ha impuesto la moda del *binge-watching*. Realmente no ven las series, las devoran desde la mañana hasta la noche. Y esto una vez al año podría ser especial, pero se está volviendo tendencia el dedicar los fines de semana exclusivamente a eso, ver temporada tras temporada de series y, normalmente, consumir comida chatarra para no perder ni un minuto. Ver, comer y callar. Esto es muy nocivo para la salud, pues después de cinco días de trabajo, el cuerpo necesita desintoxicarse y no meterse más veneno, vivir vidas de otros y vaciar así las nuestras.

2.2 LA NETIQUETA

REGLAS PARA NO SER UN PERFECTO GROSERO DIGITAL

Por una falta de formas, muchos de los malentendidos en la comunicación digital pueden terminar en grandes conflictos como una separación amorosa, un enfrentamiento entre amigos e incluso rupturas laborales. Estos problemas son nuevos y se deben a que desconocemos las formas y las reglas de las interacciones digitales.

¿A que cuando dices «hola» a alguien no le das un empujón? ¿A que no vas gritando a los desconocidos? ¿A que no golpeas a nadie con un paraguas para hacerle una pregunta? ¿A que no llamas a ninguna casa a las dos de la madrugada? ¿A que no te asomas al jardín del vecino para opinar sobre su barbacoa? Para hacernos la vida más fácil, la mayoría seguimos ciertas reglas de convivencia social, sabemos lo que sí podemos hacer y lo que no debemos hacer. De ahí la importancia de conocer la reglas de la convivencia digital, lo que hoy llamamos netiqueta.

La palabra netiqueta es una nueva palabra que surge de la combinación de "internet" y "etiqueta". Ésta comenzó a utilizarse en los años ochenta, con el surgimiento de las primeras comunidades virtuales. La primera persona que escribió sobre ello fue Virginia Shea, y desde entonces se han incorporado nuevas reglas o, mejor dicho, nuevos consejos, ya que son delineamientos de cómo proceder educadamente.

Hay unas directrices generales de netiqueta, pero, además, cada comunidad tiene otras normas propias cuyos miembros deben conocer y respetar. ¿A que no te vistes ni te comportas igual si vas a un picnic que a una cena en una embajada? Pues por la misma razón no podemos decir que exista una sola netiqueta, sino muchas dependiendo de la comunidad, además de las generales, que son adoptadas por todas.

NETIQUETA
REGLAS PARA NO SER UN GROSERO DIGITAL

- Nunca etiquetes a nadie en una foto sin su consentimiento.
- No reenvíes cadenas de correos.
- Asegúrate de que tus mensajes sean legibles.
- No envíes mensajes de texto en horarios intempestivos si eres un colega.
- No muestres la identidad de las personas en correos sin preguntarlo antes.
- No mandes textos en cadena.
- No comas con el teléfono en la mesa.
- No interrumpas una conversación para leer o escribir un texto.
- Silencia tus dispositivo en eventos públicos.
- Nunca olvides que detrás de tu teléfono hay una persona.

Lo primero que hay que hacer es no olvidar que al otro lado hay una persona y que debemos ofrecerle el mismo trato que nos gustaría recibir. Con las redes se produce el mismo efecto que cuando manejamos. La mayoría, ante la coincidencia con otra persona a la salida de un lugar, le cedemos el paso, pero cuando manejamos, en muchas ocasiones, esa misma persona aprovecha para pasar antes. Es como si deshumanizáramos el trato y olvidáramos que detrás del volante hay otro individuo, aprovechando para hacer cosas que nunca haríamos cara a cara. El «dímelo cara a cara» tiene toda la razón de ser, ya que de manera inconsciente, cuando no tenemos a la persona presente, perdemos el nivel de empatía, nos volvemos crueles y olvidamos lo que la otra puede sentir. Este medio sirve para pasar información, pero no comunica bien los sentimientos. Si tienes que decir algo importante siempre es mejor el teléfono y, sobre todo, la presencia de la otra persona.

REGLAS CUANDO SE ESCRIBEN TEXTOS Y CORREOS

Asegúrate que tus mensajes sean legibles y oLVídatE dE reDacTar dE estA maNera. Cuidado con las mayúsculas, porque cuando escribes así a alguien lo que estás haciendo es gritarle. Además, ten mucho cuidado con el autotexto o corrector, porque parece que los carga el diablo. Siempre debes dar una segunda leída a todo lo que mandes.

Respeta la privacidad y los horarios de la otra persona. Si eres un colega de trabajo y no te une nada más que la relación profesional, no debes mandar mensajes en horas no laborables.

Si mandas correos electrónicos no muestres la identidad de las personas, a no ser que sea previo consentimiento o quieras

que todos sepan públicamente a quién van dirigidas. Ten en cuenta que cuando haces eso estás proporcionando el contacto de gente que te ha dado la opción solo a ti de que entres en su vida de manera escrita, pero no al resto. Cuando quieras enviar un correo a muchas personas, escribe sus direcciones en el campo de copia oculta y la tuya en la del destinatario.

No reenvíes cadenas de correos. A esas personas que envían a un grupo de gente correos y piden que se reenvíen, sácalas de tu vida; mejor dicho, de tus dispositivos.

Cuida mucho tu confidencialidad y la de los demás. La mayoría de las cuentas pueden ser intervenidas si se lo proponen. Si los *hackers* informáticos pueden entrar en bancos o gobiernos, para muchos de ellos, entrar a tu correo personal es cuestión de tiempo. Por esta razón no mandes información que pudiera ponerte a ti o a terceros en un compromiso.

Reglas en las redes sociales

Pide permiso antes de incluir o etiquetar a alguien en una foto o publicación. La persona puede que haya hecho la foto para ti, o simplemente no le gusta cómo se ve en ella. Pide permiso y evitarás así muchos conflictos y susceptibilidades. También es importante que no pongas nada en los espacios públicos de las redes sociales que sean de naturaleza privada. Un ejemplo es la típica persona que pone en el muro de Facebook de un amigo:

"Qué buena fiesta la de ayer, espero que te hayas recuperado de tu borrachera".

Un comentario de este tipo puede poner en riesgo desde el trabajo de una persona hasta su vida de pareja.

Por otra parte, si retuiteas cualquier mensaje aunque tú no estés de acuerdo, lo estás promocionando, por lo que ten mucho cuidado.

Respetar los espacios digitales

Adáptate al medio que estés utilizando y no abuses de la cercanía. Dentro de los medios digitales hay que tener en cuenta que cada uno te permite una aproximación diferente a las personas. En este aspecto, los mensajeros personales tipo Whatsapp son los más invasivos con respecto a tu privacidad. Si un colega del trabajo te quiere mandar algo relacionado con éste, que lo haga a través del correo electrónico en horas de trabajo. Si te lo manda a las nueve de la noche, esa persona estará invadiendo tu espacio personal.

En esta imagen se establece la distancia digital que tendrías que tener con la gente. Si establecieras un teléfono exclusivamente de trabajo, el Whatsapp se podría utilizar para comunicarse en horas laborables. Desafortunadamente, la mayoría tenemos uno solo y con él estamos abriendo una puerta emocional a gente que no tiene por qué tenerla, como contactos del trabajo, clientes, conocidos, etc.

GRADO DE INVASIÓN EN LOS ESPACIOS PERSONALES

2.3 Cuando estar enREDado PASA A SER ALTAMENTE TÓXICO

Algo tan útil como son los medios digitales, pueden volverse peligrosos e incluso adictivos. Aunque las adicciones normalmente se refieren a sustancias, cualquier conducta se puede convertir en una adicción. La prueba es que la dependencia a la comida, al juego y al sexo son tres actividades cuya adicción psicológica está creciendo con más fuerza.

ADICCIONES DIGITALES

Si bien una dependencia digital es distinta a la de una sustancia, sigue siendo una adicción. El manual que utilizan los psiquiatras, el DSM-5, *Diagnostic and Statistical Manual of Mental Disorders*, no la incluye ni reconoce, aunque el debate sigue de actualidad. Cualquier comportamiento que genere placer puede volverse una adicción, y precisamente esto es lo que pasa cuando una conducta se adueña de ti: te quita la libertad, te aísla de la gente que quieres, de tus pasiones y de tu proyecto de vida. Llega a tal grado que si los afectados no pueden desarrollar esta actividad manifiestan problemas fisiológicos como dolor de estómago, de cabeza, diarrea o pérdida del apetito.

Aunque gran parte de nuestro tiempo lo pasamos usando medios digitales, a pocos nos preocupa que las actidades que realizamos en la red pudieran volverse adictivas. Pero, curiosamente, son las adicciones digitales las que más rápidamente están creciendo. Ya hay mucha gente que es adicta a los videojuegos, al póquer en red, a los mensajes de texto o a la compra de servicios virtuales sexuales como el *camming*. Y, como otras adicciones psicológicas, crean dependencia a esta práctica, aislamiento social y pérdida del control.

Algo que hace aún más peligrosas las adicciones a través de los medios digitales es su disponibilidad absoluta, aunque la mayoría de ellas ya existían antes de la era digital. Esto provoca, por ejemplo, que el ludópata pierda toda noción de que el dinero que está jugando es real, con la probabilidad de que se arruine antes. O que el adicto al *camming* de hoy, antes usuario de los *table dance y prostíbulos,* pueda ver desde su casa cómo se desnudan y tenerr sexo virtual gracias a una cámara. Algunos servicios podrían llegar a ser ilegales.

Adicción a los videojuegos

Como ya mencioné una de las interacciones digitales que está creciendo más es la adicción a los videojuegos, pudiéra decir que se está volviendo endémica. El hecho de que ahora podamos jugar contra personas reales al otro lado del globo genera mayor adrenalina, mayor carga de dopamina, por lo que el placer de ganar se hace tan grande que puede llevar a que el jugador se acabe aislando totalmente de la realidad. Al principio juega solo unas horas, pero luego puede estar hasta altas horas de la madrugada conectado.

Los adolescentes son los más vulnerables a volverse adictos, ya que, precisamente a través del juego, encuentran un paraíso para no tener que tratar con muchos de sus problemas. El pretexto es conocer a otros jóvenes sin tener que lidiar con la presión social.

Sin embargo, hay otro grupo que se está enganchando con fuerza a esta clase de juegos: los llamados treintaiteen o cuarentaiteen, donde el término inglés *teen* significa 'adolescente', y podríamos decir que son los treintañeros o cuarentañeros; estos son la antítesis de los cuarentones y sus hábitos también. Este tipo de personas, aun teniendo puestos de trabajo, hijos y ser muy respetados socialmente, están muy unidos a los símbolos de los jóvenes, y la tecnología es uno de ellos. Con los videojuegos llegan a tener un patrón de adicción distinto al de los jóvenes, pues se quitan horas de sueño o de relacionarse por la noche con tal de poder disfrutar jugando.

Adicción al teléfono

Hay otra adicción de la que la mayoría podemos, fácilmente, ser objetivo. Me refiero a la conducta de mirar el dispositivo móvil constantemente; ésta es comparable a una de las adicciones psicológicas más fuertes, que es la adicción a las máquinas tragamonedas. Esa excitación anticipada ante la probabilidad de obtener el premio eleva los niveles de dopamina, produciéndose una sensación de placer mientras suben la tensión y adrenalina de que le va a tocar. La mayoría de las veces no es recompensado, y eso hace que siga intentándolo hasta que alguna vez gane. Precisamente, ese premio sirve de refuerzo para continuar jugando.

Esto mismo sucede con los dispositivos móviles. Cada vez que entramos en Internet, en nuestras redes sociales, en nuestro correo o accedemos a whatsapp anticipamos, con la misma emoción del que espera ganar en la máquina traga-monedas, un mensaje de alguien que nos gusta o una buena noticia. Si no lo hay, volveremos a mirar hasta que por fin nos llegue la noticia significativa que retroalimente este proceso de dejar todo, con el fin de que algún «premio» se presente. Al igual que con la tragamonedas, la mayoría de la veces no llega, y cuando esporádicamente aparece un comentario de alguien o una imagen a modo de aceptación social, es su-ficiente para continuar en esa dinámica peligrosa y adictiva que nos lleva, aun estando presente la gente que queremos, a aislarnos socialmente.

Si eres de los que no pueden estar dos horas sin compro-bar su teléfono, si nada más levantarte lo miras y remiras, si en medio de una conversación enciendes el móvil para ver quién te escribió, como mínimo estás abusando de manera enfermiza de estas tecnologías o podrías estar ya padeciendo de una adicción.

EL SÍNDROME DE DIÓGENES DIGITAL

El síndrome de Diógenes es un trastorno que afecta a las personas que descuidan su aspecto, se aíslan de la sociedad y acopian gran cantidad de basura y objetos, la mayoría inser-vibles, en su casa. Esta última característica, la de acumular desechos, es la que ha inspirado el término de síndrome de Diógenes digital, ya que hay personas que son incapaces de borrar un archivo por si lo necesitan algún día. Acumulan gigas y gigas de fotos que nunca volverán a ver, canciones que jamás escucharán y libros electrónicos que no leerán. Si la memoria de su computadora se está agotando, prefieren comprar otra antes de hacer limpieza. Posponen el organizar las cosas, no se detienen a discriminar entre lo vital y lo importante, procrastinan en ordenar sus cosas y acaban sufriendo de una ansiedad innecesaria.

Reglas de salud digital

Muchas de las tensiones que sufrimos con las nuevas tecnologías digitales son perjudiciales, ya que éstas nos hacen víctimas de ellas en vez de tenerlas como aliadas. Pero para que se vuelvan nuestras aliadas tenemos que saber exactamente qué son, para qué sirven, cómo van a mejorar nuestra vida y cuáles son los peligros y las amenazas. Para cualquier dispositivo nuevo tienes que obtener respuesta a estas preguntas y nunca tener miedo ni vergüenza por preguntar. En la mayoría de los casos, si no lo saben explicar es porque no lo tienen claro.

Por otra parte, es vital asegurar la protección de los más jóvenes. Como ya he dicho, nunca se deben de exponer a dispositivos digitales antes de los dos años. Y después hacerlo de manera gradual.

Es muy importante establecer límites y formas de convivir con los dispositivos digitales. Recuerdo una cena en la que lo que podía horrorizar a más de la mitad de los comensales, a mí me encantó y, además, me alivió infinitamente. La anfitriona había puesto en la entrada de la vivienda, junto al lugar

para dejar los abrigos, una cesta con un mensaje muy claro: «Dispositivos móviles, por favor».

La forma de levantarte va a determinar cómo va ser tu jornada. Con el fin de mantener el dispositivo fuera de tu habitación, despiértate con un despertador de los de antes y no con tu teléfono. No vayas por tu teléfono, olvídalo, no dejes que invada ese momento tan importante. Levántate poco a poco, dedica al menos quince minutos a hacer respiraciones profundas y piensa cómo quieres que sea tu día. Date tiempo para conectarte contigo mismo, disfruta del desayuno sin interferencias digitales de ningún tipo, no dejes que los mensajes o los "whatsapps" dicten cómo tiene que ser el ritmo diario. Tú tienes el control.

Si te has visto reflejado en lo descrito, pero sientes que todavía lo puedes controlar, aquí te dejo una serie de *tips* de higiene tecnológica para que vuelvas a recuperar tu «salud digital».

SALUD DIGITAL
(QUÉ HACER PARA QUE TU VIDA DIGITAL NO ACABE CON LA REAL)

- A partir de una hora desconecta todos los dispositivos móviles y deja un contacto solo para emergencia.

- Establece siestas digitales y un día a la semana no utilices el teléfono salvo para llamadas.

- No mires tu tablet o dispositivo movil antes de dormir y no duermas con el teléfono en la habitación.

- No mires tus mensajes de texto nada más al despertarte.

- Di las cosas importantes siempre a la cara.

- Limpia y desinfecta tu teléfono; es una fuente de bacterias.

- Evita poner demasiada luminosidad a la pantalla.

- No dejes un dispositivo a un niño para entretenerlo. Limita y controla el uso en los jóvenes.

- Deja de seguir y saca de tus redes a las personas tóxicas.

- Si quieres conectarte con otras personas no debes estar conectado.

Peligros de la red

El entorno de la red es demasiado nuevo y mucha gente está aprovechando estas circunstancias no solo para romper los límites emocionales, sino también los legales. Más del 90 por 100 de la información que encontramos en la red está en lo que llaman la *deep* web, en castellano el 'Internet profundo'; nosotros solo vemos y manejamos la punta del iceberg. No es una cuestión de tener miedo, pero sí de tomar precauciones y establecer límites. Solo para que tengas cierta idea y te dediques a explorar más en profundidad este entorno tan complejo, te enumero a continuación los principales peligros que puedes encontrar:

PRINCIPALES PELIGROS DE LA RED

 Robo de datos.

 Suplantación de la identidad.

 Porno de la venganza.

 Acoso cibernético.

 Redes de trata de seres humanos.

 Abuso de menores.

 Espionaje por parte de pareja o alguien conocido.

El robo de datos abarca la información bancaria, la personal e incluso tus fotos íntimas. Se puede hacer de una manera muy sencilla a través de tu conexión de Internet, por eso protege tus documentos siempre con contraseñas que tengan mayúsculas, minúsculas y símbolos, y cámbialas periódicamente. Aquello que no quieras que se vea nunca, guárdalo en un disco duro y no lo tengas en la web.

Cuidado con la suplantación de la identidad. Mucha gente que se conecta a través de las redes no son quienes dicen ser. Crean un personaje muy atractivo, te dicen lo que quieres oír y acabas haciendo cosas que nunca harías. Estas personas son tan expertas que pueden conseguir que te desnudes frente a una cámara para vender luego tus fotografías o quedar contigo y ponerte en una situación de peligro. Una vez más vuelvo a repetir, si esto puede pasar con una persona adulta, con un adolescente el riesgo es mucho mayor. Los criminales y abusadores cibernéticos ven a los jóvenes como caldo de cultivo ideal para salirse con la suya.

La búsqueda de su identidad y la rebeldía son las armas que utilizan los traficantes de seres humanos para establecer un vínculo fuerte con ellos a través de identidades ficticias en las redes sociales y los videojuegos. Bajo falsas promesas o asegurándoles un futuro mejor o una relación de pareja, consiguen que estos jóvenes se acaben citando con ellos y, en ocasiones, terminen desapareciendo. Según el periodista Alejandro Melgoza, más del 70 por 100 de las adolescentes desaparecidas en México fueron captadas a través de Facebook. En España, las redes de trata de seres humanos aprovechan también la red, y bajo una identidad falsa, captan mujeres para utilizarlas como esclavas sexuales.

El *bullying* cibernético, el porno de la venganza y el espionaje, sobre todo a la pareja accediendo a su dispositivo móvil o a su computadora, también son prácticas muy comunes.

Siempre ha habido hostigamiento escolar; muchos hemos vivido ese triste maltrato desde niños. El mayor problema surge cuando el efecto del *bullying* se ve magnificado por las redes sociales. Y precisamente eso es lo que está pasando ahora entre los preadolescentes y adolescentes. De ahí que, como padres, debamos aprender a detectarlo. Observa. Hay señales claras de que a tu hijo le pueden estar haciendo *bullying*:

- √ Cambios de conducta.

- √ Retraimiento.

- √ Tristeza.

- √ Disminución del rendimiento escolar.

- √ Aislamiento.

Fomentar la comunicación con tus hijos desde muy pequeños es la mejor manera de que no se sientan tan indefensos y puedan acabar con él. Tanto el porno de la venganza, que consiste en hacer públicas las fotos o vídeos íntimos que te hiciste con tu ex pareja y los cuelga en Internet o manda por teléfono, como el espiar los dispositivos electrónicos de la pareja, es un delito. Pero aunque esté penalizado, lo mejor, siempre, es proteger tu información confidencial con contraseñas, y que en todas las fotos que te hagas comprometedoras nunca muestres la cara.

Las abuelas sí que tenían razón, «no hables con desconocidos», decían, y quedaba zanjada la cuestión de la seguridad.

Es una regla clara, detectado el potencial enemigo, desconocido, poníamos en marcha la estrategia de acción, no hablarle, pero esto ha quedado obsoleto con la revolución digital y las redes sociales. ¿Quién es ahora un «desconocido»? ¿Sigues a extraños en Twitter? De los quinientos amigos que tienes en Facebook, ¿cuantos de ellos, de verdad conoces? ¿Eres consciente de que ese "desconocido" del que te prevenía tu abuela ha encontrado el medio perfecto para que hables con él?

CÓMO APROVECHAR LOS HILOS DE LA RED Y DISEÑAR QUIÉN QUEREMOS SER

Queramos o no estamos en la era digital, y satanizar el desarrollo tecnológico es erróneo. Gracias a él, muchos hemos podido mantener un contacto casi personal con aquellos seres queridos que tuvieron que irse a otros países. Yo no podría haber compartido momentos tan maravillosos con mis familiares y mis amigos si no hubiera existido Skype; ni podría haber encontrado libros ya descatalogados, ni reencontrarme amigos con los que había perdido el contacto, ni tampoco conocer gente fascinante que comparte conmigo las mismas pasiones.

El mundo digital está para ayudarnos y no para envenenarnos. Eso, siempre y cuando sepamos ponerle límites. Precisamente por ello, si te sientes completamente enganchado al estilo de vida «conexión 24» necesitas que alguien te ayude. Puede que te hayas dado cuenta de que has cedido demasiada parte de tu vida a los dispositivos móviles o incluso, y sin darte cuenta, perdiste el control de ella. Estamos descuidando nuestros mejores momentos, conversaciones con

nuestros padres, amigos, confesiones de nuestros hijos o des-aprovechando paisajes o viajes que no se repetirán.

Si la tecnología te trasporta a otro lugar, a otro momento, en el que tú la mayoría de las veces eres espectador, prueba desconectarte de los dispositivos para reconectarte con lo que eres. Prueba estar solo sin ningún tipo de información que no seas tú mismo y respira profundamente. Dedícate diariamente instantes que sean exclusivamente tuyos y de nadie más. Conéctate con tu parte física, emocional y espiritual. Tu cuerpo tiene que dejar de estar en modo de alerta, tanto para las buenas como para las malas noticias.

La red puede ayudarte a confeccionar tu vida como un traje a medida, hacerlo tal como tu quieras o puede hacer que te quedes enREDado en sus hilos. Depende solo de ti.

CÓMO ENFRENTARSE A LOS AMBIENTES TÓXICOS

Una vez que sabemos cómo funciona el engranaje de la toxicidad, es más fácil reconocer si estamos en un ambiente intoxicado e incluso detectar al ente tóxico en cuanto aparece, sin que sus mañas calen en nosotros. Por eso, esta parte está enfocada al ecosistema donde el tóxico se mueve como pez en el agua y a aquellos sitios en los que, por su sistema de valores o por cómo están organizados, hasta el individuo más sano puede llegar a dañarse.

Tan importante es darse cuenta de que una persona puede estar añadiéndote toxicidad, como identificar los lugares y situaciones que pueden hacer a cualquiera volverse tóxico. Por ello antes de seguir es importante diferenciar entre situaciones, sitios o lugares y personas tóxicas.

La situaciones tóxicas son aquellas que se dan al haberse producido un acontecimiento injusto; por ejemplo, la típica circunstancia que se da con las líneas aéreas. Mes de diciembre, en plena operación «vuelve a casa por Navidad». Te toca hacer escala y cuando estás esperando la llamada de embarque te dicen que el vuelo se ha cancelado y anuncian que solo pueden poner a unos pocos en otros vuelos. Ante la situación de injusticia, la gente cambia de modo vuelo a modo enfado, y muchos, en vez de canalizar su quejas productivamente y atacar el abuso de poder que tiene la línea, empiezan a pelearse con los trabajadores y con los otros pasajeros para ser uno de los «elegidos» y poder embarcarse en el siguiente avión. Nadie quiere problemas el día antes de Navidad, la mayoría volamos con la mejor de las predisposiciones. Lo que es tóxico en sí es la política de la empresa que hace que trabajadores y clientes acaben enfrentándose entre ellos porque sus reglas, bien estipuladas en las condiciones con letra pequeña, te dicen que tienen derecho a cancelar los vuelos y recolocarte como ellos quieran en los siguientes aviones.

Ante esta situación de frustración por haberse roto la ilusión de pasar la Nochebuena con la familia, lo mejor es recuperar el control y que ese «calentamiento global de cabeza» que tienes, no sirva para sacar lo peor de ti y volverte una persona violenta y grosera. Ser consciente de que hay poco que puedas hacer, ni gritar más ni enfadarte van a conseguir que vueles ese día, pero si tu reacción es muy agresiva tienen el derecho de hacerte pasar las navidades en la cárcel. Organízate con otros pasajeros y recoge los contactos de los demás que se quedaron sin volar para después presentar una queja formal. El daño está hecho, pero con el impacto del mundo digital las empresas sin valores no se salen tan fácilmente con la suya. Ahora con las redes sociales puedes canalizar muchas quejas o denunciar públicamente un abuso dándoles donde más les duele: en su imagen pública.

Como la mayoría de los animales, cualquier persona que se siente acorralada se vuelve agresiva. Hay lugares que son tóxicos, si nos sentimos amenazados psicológica o físicamente, en un día de tráfico infernal, el primer día de rebajas en unos grandes almacenes, esperando en la fila para conseguir unos documentos importantes para ti, la probabilidad de actuar de una manera desproporcionada es muy alta. Por eso siempre lo primero que debemos de hacer ante estas situaciones es recuperar el control, respirar y, sobre todo, relativizar la situación.

Las circunstancias que pueden llegar a sacar el monstruo que hay en ti, son aquellas en las que percibes que hay una injusticia o te sientes atacado o acorralado. Esas te convierten en una bomba de relojería; mejor dicho, en una mina antipersona. En cuanto te tocan, estallas tú y destruyes también al resto. Este es un ejemplo claro de un lugar tóxico.

Mario tenía su estacionamiento en el centro de Guadalajara, justo debajo de su casa. En la salida estaba señalado claramente "salida de coches" y le era muy frustrante tener que decir a la gente todos los días que no se estacionaran en la salida.

Esa mañana iba tarde para llevar a sus hijos al colegio. Cuando la puerta del estacionamiento se abrió vio un coche que estaba detenido. Salió como un energúmeno del vehículo y golpeó fuertemente el parabrisas, gritando e insultando al hombre que estaba dentro mientras que sus hijos presenciaban todo.

El señor mayor del vehículo no entendía nada, había parado un momento para dar marcha atrás y ocupar el espacio de atrás que era para discapacitados, pero nunca fue su intención estacionarse. Al hombre le dio un ataque al corazón y su familia denunció a Mario.

No es justificable la forma de reaccionar de Mario, pero ante una situación de usurpación constante de sus derechos, ante lo que él creía que era injusto o que era la invasión de su espacio, hizo que viera a ese hombre mayor como la gota que colmaba el vaso. Reaccionó de manera desproporcionada ante alguien que no tenía la culpa. En lugar de haber hecho un análisis objetivo de la situación antes de reaccionar, arremetió contra el más débil. Si lo hubiera hecho, habría interiorizado que había una situación de injusticia para ambos, dado que no se tendría que permitir estacionar ahí, pero el ayuntamiento lo permite porque aprovecha cualquier lugar para recaudar dinero. Mario tendría que ir a un psicólogo para aprender a controlar la ira o acabará padeciendo trastorno explosivo intermitente. Pero, además, podría defender sus derechos escribiendo al ayuntamiento, luchando así para que ese espacio quede liberado. Si no lo consigue, sería conveniente que considerara irse a vivir a otro lugar donde no tenga que lidiar todos lo días con esa situación.

A veces, las reglas de una institución o una empresa hacen que la persona se vuelva altamente dañina, pero en otras es el tóxico quien busca aquel ambiente de trabajo donde encaje o se sienta más a gusto con su forma de ser. Podemos encontrar situaciones y lugares tremendamente nocivas en todas partes: en el hogar, en la puerta de la casa de al lado, en el banco, en el colegio de los hijos e incluso en una cafetería. Vamos a desgranar cada uno de los ambientes tóxicos en los que nos podemos encontrar inmersos, ya sea de manera consciente o sin darnos cuenta todavía, porque una cosa es cierta, cuando termines de leer esto, ¡lo tendrás muy claro!

3.1 Crónica de un conflicto familiar anunciado

¿Cada vez que se acerca una reunión familiar empiezas a agobiarte, entras en pánico o comienzas a sufrir extraños dolores de estómago? Casi seguro que hay algo en esas reuniones familiares que hacen de ellas un encuentro tóxico. Quizás ya lo sepas desde hace tiempo y lo tienes detectado y controlado. Quizá lo intuyas, aunque no lo quieras creer, porque la familia duele. Si este es tu caso, tienes que cambiar cosas en ti para eliminar la toxicidad.

En la mayoría de las familias hay historias de resentimientos, lo que para unos fue anecdótico, otros lo vivieron como traumatizante y todavía les duele. Y también puede haber un miembro de la familia especialmente tóxico que se ha ocupado de crear divisiones y bandos. A veces desconocemos por qué un familiar arremete contra nosotros despiadadamente, pero otras sí lo sabemos por el tipo de ataques; si te recuerda un daño que le hiciste, claramente está pidiendo una disculpa pública y eso podría limar asperezas.

En ocasiones son los propios padres los que contribuyen a hacer que una pobre afinidad se vuelva un odio entre dos hermanos. Algunos refuerzan las conductas del hijo exitoso y aniquilan las de aquel que a lo mejor no es tan brillante profesionalmente, aunque sí lo sea en otros aspectos. Si cuando eras niño te molestaban los comentarios peyorativos y las comparaciones con tus hermanos, cuando eres adulto y frente a tu pareja duelen aún más. Por eso en reuniones familiares hay que evitar este tipo de comentarios.

> "Conozco a mi hermanito mayor y siempre supe que no valía tanto para los estudios como el pequeño".

El «hermano mayor» es un hombre de treinta y cinco que encuentra humillante que esa clase de «anécdotas» las suelten en la comida familar delante de sus hijos y, además, con toda la ligereza del mundo. Si te pasa algo parecido habla en privado con tu hermano y déjale claro tu postura.

> "Tus comentarios me duelen mucho; si me vuelves a hacer de menos delante de mi familia no volveré a comer contigo".

Se puede dar el caso de que un hermano u otro familiar cercano no te soporte. Si después de hablar con él sigues recibiendo ataques descarnados por su parte, le debes frenar de la manera más educada. Normalmente, cuando estas dinámicas continúan, más que haber una historia de dolor o daño, hay envidias, muchas veces potenciadas inconscientemente por los padres.

En ocasiones puedes haber vivido situaciones de injusticia en tu infancia que tus padres han olvidado completamente. Puede que tú hayas trasformado algunas cosas en tu memoria para no sufrir tanto, pero, cuidado, la negación total de un daño sufrido crea resentimiento. Si, además, te acusaron de mentiroso, o "Alicia en el país de las maravillas", esa fama te puede perseguir hasta la edad adulta, perpertuando la descalificación cada vez que hablas. En estos casos la mejor salida es luchar por descubrir la verdad; eso sí, solo si tienes pruebas, porque si no será su palabra contra la tuya.

Y por último, ¿es cierto que quien bien te quiere te hace llorar? No. Quien te quiere no te hace llorar intencionamente. Dañarte y decirte que es por tu bien porque es tu sangre y por eso ya significa que te quiere, además de perverso es cruel. Por eso no olvides que: "Quien bien te quiere, con cariño te querrá enseñar".

QUÉ HACER CUANDO LA FAMILIA POLÍTICA ES TÓXICA

¡Cuidado que vienen refuerzos! A veces la familia política no acepta que su hijo o hija tenga pareja, o ésta no sea como ellos quisieran, y de manera sútil o directa quieren controlarlos o disponer de la pareja las veinticuatro horas. Esto puede hacer el ambiente familiar irrespirable, por eso es vital dejar muy claros los límites desde el principio o vas a terminar sucumbiendo a ataques nocivos que pueden llevarte a tener problemas de pareja.

"Muchas gracias por tu invitación, pero tu hijo y yo ya habíamos decidido pasar el fin de semana en otro sitio; otra vez será".

A veces la familia política no siempre es consciente de que lo están haciendo mal y se creen con el derecho de disponer de tu vida. Quizás porque su hijo anteriormente le daba ese derecho. Hacer entender que ahora son pareja y que las reglas cambiaron es muy importante, esto lo debe de hacer el hijo y nunca el nuero o la nuera.

"Mi hijo tiene la confianza de darme una llave de su casa".

"Te llamo a estas horas porque nunca me llamas tú".

"Ya le dije a tu marido [su hijo] que vendríamos a verlos hoy».

«Hijo, de verdad, ¡parece que te viste tu peor enemigo!"

"¡Pero si los domingos siempre vienes a comer!".

"Es mi nieto y yo sé lo que hay que hacer".

Además del control por parte de los padres, puede haber cierto recelo, incluso envidias, por parte de otros miembros de la familia. Comparaciones constantes de tus hijos con los suyos, de tu casa con la suya... No respondas a sus insinuaciones o provocaciones, no les sigas su juego o habrán ganado.

"Sí, tu casa es preciosa, es más grande que la mía".

"Tu niña está guapísima".

"Sí, se te ve, cada vez estás más joven".

No siempre la familia política es tóxica, al contrario, puede llegar a ser tu mejor apoyo. Esa creencia de que la suegra es la enemiga y predisponerse a ello puede hacer que te sugestiones negativamente. Tu suegra ama a tu pareja porque es su hijo; en la medida que tú le des el espacio de convivencia con su hijo y ella no entre en el tuyo de pareja, la relación puede ser perfecta. Por ello es recomendable que tu pareja sea quien ponga las reglas y los límites a sus padres, para que tú no seas visto como «el malo» o «la mala» de la película.

Cómo manejar los eventos familiares

Las celebraciones familiares crean y fortalecen los lazos entre sus miembros, son una oportunidad para disfrutar nuevas y viejas generaciones y refuerzan el sentimiento de pertenencia y nuestras raíces. Celebrar es muy positivo y no hay que dejar escapar ni una sola oportunidad para hacerlo. Pero en las familias disfuncionales la cosa cambia, pues si hay gente tóxica entre los invitados, el evento familiar, más que unir, lo que hará será desunir y crear conflicto.

Si hay alguna situación en la que un tóxico familiar se frota las manos es en las reuniones familiares, cumpleaños, Navidades, bodas... Lo tiene todo a su favor para gasear su toxicidad a diestra y siniestra. Probablemente estén todos los miembros de la familia, por lo que están sus víctimas y sus adeptos, los hay seguro, son esos que lanzan balas tipo «mamá tiene razón», «es cierto, no te preocupes por él», y siempre tendrá la esperanza de sumar acólitos si le salen bien las jugadas tóxicas. Sin lugar a dudas lo mejor es ir mentalizado, consciente de su existencia y manera de actuar, y no disparar tus palabras a quema ropa bajo ningún concepto. Una comida familiar no es el lugar para resolver problemas ni conflictos, para eso busca otro sitio o situación que te permita elaborar y defender aquello que te parece injusto. Si es un cumpleaños, céntrate en las cosas positivas de la persona que celebra; y si es Navidad, en las tradiciones de hace años.

Si alguien va directo a atacarte desvía la conversación con un halago hacia la anfitriona, no le des el placer. Esa persona quiere hacerte daño, capotéale y salte con la tuya, así no le darás su mayor satisfación: crear un conflicto. Por otra parte, toma un papel activo, maneja tú la situación con humor. En una misma cena puedes interpretar diferentes papeles según el tóxico que intervenga. Si alguien intenta contagiarte su negatividad, pon a prueba el aguante de tu positividad. Tómatelo como un reto. Si hay tóxicos mentirosos en la sala, desafíate a agarrar todas sus mentiras al vuelo. Si alguien quiere que te sientas culpable, hazte el tonto, a ver quién puede más. Si tú no quieres, nadie te hará saltar.

3.2 Cuando el trabajo envenena

Cada vez pasamos más tiempo trabajando y cada vez el peso de la actividad laboral tiene más impacto en nosotros. Un ambiente tóxico en el trabajo puede afectar negativamente a nuestra vida familiar y a nuestra autoestima.

La toxicidad laboral puede deberse a las políticas de la empresa, a cómo está estructurada o a las relaciones personales que se dan con la gente con quien trabajas. Por eso es muy importante que cuando busques un trabajo no solo pienses en la actividad que vas a desarrollar y tus expectativas de crecimiento, también debes ver si el modelo de empresa, sus valores y estructura son compatibles con tu forma de ser. A veces ni la empresa ni los empleados son tóxicos, simplemente tus prioridades y tu forma de trabajar no coinciden con las de la compañía.

Necesitas hacer un análisis de tus valores y los de la empresa, considerando:

√ **La estructura de la empresa**. ¿Es jerárquica y a ti te gusta trabajar en equipo, sin que haya niveles?

√ **Flexibilidad de horarios.** ¿Es estricta en los horarios y tú prefieres organizar tus horarios sin dejar de cumplir con la empresa?

√ **Es burocrática.** ¿Disfrutas los procesos o te irrita tener que llenar tantos permisos y papeles para conseguir algo?

√ **¿Es un ambiente competitivo** internamente o favorece el trabajo en equipo? Si te gusta resaltar, a lo mejor te desmotiva ser un engranaje dentro de un proceso. O al revés, no soportas la presión de competir con tus compañeros.

Es tan importante analizar tanto este tipo de variables como las relacionadas con tu tarea y tu remuneración. Si no lo haces, la probabilidad de que seas tú el que se vuelva una persona nociva dentro de esa empresa es alta.

Hay otro tipo de empresas en las que los valores están al límite de lo ético, las expectativas son irreales o ven al trabajador como un simple medio que exprimir y cumplir con sus objetivos de empresa. El contrato es una clara señal de cómo es una empresa, por eso, léelo con detenimiento. Si hay millones de cláusulas que no entiendes o cosas que tu sentido común te dice que no son justas, no lo firmes; habla con un abogado y plantéate si de verdad quieres trabajar para ellos.

Señales que indican estar en un trabajo tóxico

Puede que aunque no te afecte en este momento, estés inmerso en un ambiente nocivo. Y aunque mantengas las distancias emocionales es bastante difícil que tarde o temprano no te salpique de alguna manera. La toxicidad laboral puede tener una o más fuentes y, sin entrar en detalles todavía, si te reconoces en alguna de estas afirmaciones, no lo dudes, ¡tu trabajo es tóxico!

A tus compañeros los percibes como al enemigo

La competencia cruel prima y no el apoyo y la colaboración. Parece que se trata de cortar cabezas y no de perseguir un objetivo común. Y si hay problemas, se organiza la caza del culpable en lugar de proporcionar soluciones.

La palabra «jefe» te causa un nudo en el estómago

Ya sea porque suena su llamada en tu teléfono, aparece por el pasillo o alguien lo menciona, ese pellizco en el estómago no te lo quita nadie.

Te llevas trabajo a casa y estás a todas horas disponible

El exceso de funciones o la interrupción de otros colegas no te deja acabar a tiempo y todo el mundo tiene acceso a ti en cualquier momento.

Haces el trabajo de varios sin que te paguen por ello ni te lo reconozcan

Te recuerdo que la esclavitud se abolió hace tiempo. Consentir esto no hará que te valoren más o tengas tu puesto a salvo y, por supuesto, nadie te lo agradecerá, pues eso sería como reconocértelo.

Tienes miedo constante de perder el trabajo

No tienes muy claro si eres bien valorado o si tu jefe te quiere decir algo entre líneas; además, muchas veces callas o no das tu opinión para no tener problemas por ello.

Tu vida personal se está viendo afectada negativamente por la laboral

Lo de conciliar ni te lo planteas por miedo a que te quiten de en medio y hace mucho que no tienes una cita o cenas con tu familia.

Los rumores y conspiraciones son una constante entre el personal

Con quién se acuesta Fulanito, a qué hora llegó Menganito y si ascienden o no a Zutanito son las grandes cuestiones empresariales del momento. Se te ponen los pelos de punta si al pasar por la fotocopiadora los que hacen reunión se callan y te miran.

Tu jefe, además de ausente, no deja claras funciones y objetivos

No hay peor cosa que la incertidumbre de no saber exactamente qué se espera de ti. Un mal liderazgo junto con una mala organización no pueden llevar a buen puerto.

Tienes la sensación de que el que vale se va y el que no se queda

Todavía te preguntas cómo es posible que a ese lo ascendieran y que el buen jefe de sección que tenías dimitiera.

El ambiente está cargado de irascibilidad y faltas de respeto

No hay buena relación. El ambiente está enrarecido y hay caras malhumoradas, tristes e incluso ausentes. Todo el mundo está a la que salta o es tremendamente pasivo.

Cómo saber si el trabajo daña tu salud

Para saber si tu trabajo te ha intoxicado, analiza cómo te sientes física y emocionalmente, pues aunque creas que puedes controlar o evitar sus efectos, ¡son demasiados y con muchos frentes a la vez!

Síntomas físicos

El agotamiento causado por un exceso de trabajo y la ansiedad pueden desencadenar gran cantidad de síntomas físicos. El inmsonio y la irritabilidad son los que aparecen más rápidamente y después empiezan a aparecer otro tipo de síntomas como la cefalea tensional. Cuando una persona está preocupada constantemente tiende a contraer el ceño, volviéndose una clara candidata de sufrir dolores de cabeza muy intensos que pueden llegar a volverse crónicos. Otros canalizan la tensión a través de la contracción de los músculos de la mandibula; es como si estuvieran preparados para morder. Esto les puede llevar a una tensión mandibular, causando dolores musculares y de cabeza .

Tu estómago también es un receptor de ansiedad; gastritis, reflujo y diarreas pueden convertirse en parte de tu rutina. Y para colmo, parece que cada dos por tres te pones enfermo desde que estás a disgusto con tu nuevo trabajo. Esto obviamente sucede porque el sistema inmunológico, de tanto estrés, se acaba agotando y se rinde, haciéndonos más vulnerables a contraer cualquier enfermedad. La piel también se ve afectada por nuestro malestar laboral, las erupciones cutáneas pueden llegar a cubrir parte de nuestro cuerpo. Por si esto fuera poco, el apetito sexual puede reducirse al nivel casi de «inapetente» y además, si eres hombre, puedes padecer disfunción eréctil.

Síntomas emocionales

¿Reaccionas por cualquier cosa? ¿No te aguantas ni a ti mismo? ¿Tu pareja te hace cualquier comentario con un poco de humor y lo ves como un ataque? ¿Te enfadas con tus hijos por no haber hecho la tarea bien? La cosa se pone peligrosa cuando, sin darte cuenta, reaccionas como lo haría tu jefe y le dices a tu hijo de ocho años que esperabas algo mejor de él.

Si no pones límites, tu ambiente laboral te puede afectar tan negativamente que de esa persona segura y motivada que disfrutaba de su trabajo, te transformarás en un ser inseguro con miedo a tomar cualquier tipo de decisión y viviendo en una situación de ansiedad constante.

Cómo impacta en la calidad de tu trabajo

¿Últimamente buscas cualquier excusa para no ir al trabajo? Nunca llegabas tarde y en el último mes ya te ha pasado en tres ocasiones. Muchas veces no te das ni cuenta y es el departamento de Recursos Humanos quien lo nota por ti. Tu productividad baja, tu absentismo sube y aunque sigas con ese puesto, en tu interior ya has tirado la toalla.

Cómo impacta en tu comportamiento y en tu forma de pensar

Cuando no estás en un ambiente sano, lo primero que aumentan son los niveles de ansiedad, y esta se ve reflejada en distintos comportamientos. Hay gente a la que le da por comer más; a otros, por fumar o beber; otros simplemente no pueden dormir y esa falta de sueño les vuelve mucho más irritables o les hace tener conductas erráticas, como conducir de manera más peligrosa.

La primera señal de alarma te la van a dar las personas más cercanas a ti. Comentarios como estos son una clara señal de que algo no va bien:

*"Estás irreconocible, nunca te he visto tan
a la defensiva por un simple comentario
que he hecho de una película".*

*"Papá, por qué te enfadas tanto conmigo,
¿ya no me quieres?".*

*"Últimamente parece que no estás presente,
como si no me escucharas".*

Si durante ocho horas diarias, aunque normalmente son más, estás pensando en estrategias para protegerte en vez de en estrategias para crear algo nuevo, estás impregnando toda tu realidad de negatividad. Debes poner freno a esto y plantearte de verdad si quieres seguir así. No hay trabajo que justifque perder tu salud, si bien la decisión no tiene que ser inmediata, si después de leer este libro te has dado cuenta que tu trabajo te daña y tu capacidad de maniobra para mejorar la situación es limitada, tomar la decisión de empezar la búsqueda, de encontrar otro trabajo que te haga feliz, probablemente sea la mejor opción.

DINÁMICAS DE TRABAJO ENFERMIZAS

Como ya sabes, algunos ambientes laborales pueden llegar a ser tan enfermizos que aunque tú no seas la diana directa de ataque, si no te proteges, la toxicidad va a terminar afectándote a ti y a todos, pues se establecerán relaciones y dinámicas de trabajo nocivas. Lo ideal es identificarlas e intentar cortarlas de raíz. Si no se hace, van invadiendo la organización y finalmente a ti. Ahí van las típicas dinámicas nocivas que probablemente alguna vez te ha tocado o te tocará vivir.

Dinámicas victimistas. Cargar con la víctima tóxica

Es la típica situación en la que un colega va a aprovecharse de tu compasión para conseguir lo que quiera de ti; normalmente espera que seas tú el que haga la tarea que él no quiere hacer. Te lo enfoca de tal manera que al final sientes que debes rescatarlo haciéndolo, obviamente, tú.

"Pobre, a él le cuesta mucho diseñarlo y si no lo hace lo van a echar del trabajo, mejor se lo hago yo".

Has entrado en una dinámica de trabajo tóxica en la que estás haciendo tu trabajo y cargando con el de alguien que no hace el suyo y que no lo hará, porque ha conseguido que lo hagas tú por él. Esto no quiere decir no ayudar de vez en cuando a tus colegas, pero si con la excusa de no saberlo hacer, siempre te pide que tu lo hagas, ofrécele enseñarle.

"Esta vez no puedo hacértelo, necesito salir a tiempo del trabajo, pero si quieres quedamos un día y te enseño, es más fácil de lo que parece".

Dinámicas de queja. La cultura del aullido

El quejica compulsivo no busca una solución a su queja, sino el reconocimiento de ésta y la suma de adeptos a la misma. Es seguro que establece contacto visual para ver si le apoyas y luego va juntando adeptos. ¿Te has fijado si pluraliza en sus quejas?

«La dirección no tiene en cuenta
nuestras opiniones».

«No tenemos condiciones de trabajo adecuadas».

Es recomendable escuchar a un colega, conocer el problema del que habla y establecer si este problema tiene algo que ver contigo y si tiene solución o no. En la mayoría de los casos este tipo de personas tienen quejas constantes pero no tienen ninguna intención de solucionarlo. Respondas o no a las insinuaciones, trabajarás de forma tensa e incómoda, pues el ambiente laboral que crea la queja constante es muy negativo. Cada vez que se acerque a ti, pregúntale, ¿Qué solución propones? Al ver que no te sumas a su coro de quejas se alejará.

DINÁMICAS DE CHISME. RADIO PASILLO ENTRA EN TU OFICINA

Una de las dinámicas más peligrosas en el trabajo son los chismes. Es una manera perfecta de crear malas vibras entre los colegas y pueden convertir un ambiente de trabajo en sufrimiento. Lo peor es que solo con un tóxico chismoso y colegas que pasen lo que dice, o más bien muchas de sus mentiras, puede acabar con la buena vibra del trabajo, incluso contigo si te vuelves el objeto de sus chismes. Callarte o escuchar no te mantiene a salvo de volverte tú el objetivo del chisme, hay que cortalo por lo sano o acabarás siendo parte de esa dinámica enfermiza en la que percibirás a tus colegas por como son juzgados y no por su rendimiento.

"Yo no dije nada pero ¿sabes lo que dijo de ti
en la reunión?".

"Dijo cosas pésimas de ti y de tu departamento,
fue una víbora".

Cuando te diga eso, le preguntas, ¿y tú, cuando dijo estas mentiras, te callaste? Una de las respuestas claves es el famoso, ¿a ti te consta que eso pasó? Eso es una injusticia, no te calles y habla con tu jefe. El chismoso de oficina no tiene ninguna intención de mejorar la situación, solo busca perjudicar a alguien del trabajo o a la empresa, y se aprovecha de que hay gente insegura que, por ser aceptada, prefiere ser parte del corrillo de chismosos que zanjar la situación.

Dinámicas de apatía

Hay colegas que son expertos en compartir contigo lo mucho que les aburre su trabajo y la apatía que sienten en él. Esa falta de motivación te la pueden contagiar si no eres consciente de que son como aspiradoras de tus ganas de trabajar. Comentarios como:

"Esto es lo mismo que todos los días, el mismo informe de todos los jueves".

"Tú y yo siempre lo mismo: encerradas en esta caja".

El peligro de esta gente es que si te encuentran en uno de esos días grises, pueden pasarte a su lado oscuro. Si este tipo de colegas trabaja a tu lado es recomendable que le pongas un alto de una manera constructiva.

"¿Qué te parece que si en vez de contarme las cosas negativas me cuentas las positivas, no quiero bajonearme".

Si te responde que no hay nada positivo que contar, entonces le sugieres que mejor se ponga música que le anime un poco.

Dinámicas de miedo a perder el trabajo

Lo normal es sentirse seguro en el puesto de trabajo. Anticipar el desastre puede ser más estresante que vivirlo en directo y, además, no sirve de nada. La dinámica laboral del miedo paraliza, pues se teme la toma de decisiones, plantear problemas o hablar libremente. Si en vez de un jefe tienes un jefastro y no hace otra cosa que amenazarte si haces las cosas mal, el miedo te hará que dejes de intentar las cosas, haciendo que pierdas experiencia y, sobre todo, dejando de creer en ti.

"¿Y si me equivoco y me despiden? Mejor no incluyo esta propuesta, es muy arriesgada y no puedo arriesgarme a perder mi trabajo".

Tener la inquietud de perderlo afecta a la salud y al correcto desempeño, por lo que puede darse el fenómeno de la profecía autocumplida y acabar perdiendo tu trabajo de verdad.

Si tienes buena intención y sabes cómo hacer las cosas, el cometer un error y aprender de él es parte del trabajo y las empresas los saben, sobre todo ahora que cambian constantemente los programas informáticos y las formas de trabajar. Por eso, concientízate que dejar de intentar las cosas por miedo a equivocarte es la mejor manera de dejar de aprender, volviéndote así obsoleto en tu trabajo.

"No quería utilizar ese programa por miedo a cometer el error y borrar algo sin querer. Ahora todos lo saben manejar y yo no. Me dijeron que nadie hacía las cosas manualmente y me despidieron".

El HOSTIGAMIENTO LABORAL O *MOBBING*

Hay jefes o colegas del trabajo que pueden tener un patrón de conducta tóxico con todo el que se relacionan, pero si el acoso se les va de las manos y siempre en una misma dirección, la tuya, puedes estar sufriendo *mobbing*. Esta es una situación de acoso moral por parte de un grupo de compañeros hacia un trabajador.

Los acosadores suelen estar en puestos superiores al acosado y, menos frecuentemente, en cargos similares o inferiores. Por cierto, los acosados suelen ser trabajadores brillantes, responsables y perfectamente capacitados. Se les ataca e intentan hacer la vida imposible, infravalorándolos como personas y como profesionales, justo porque se les ve como una amenaza, y prefieren pisarlos antes de que se hagan mayores que ellos.

Quieren que te des cuenta de lo que están haciendo sin que puedas defenderte. Hacen de tu trabajo la excusa para acosarte y su intención es que renuncies a tu puesto, vamos, que te vayas.

Recuerda que detrás de un acosador de este tipo está la competitividad y la envidia como origen de este ensañamiento. Las tácticas empleadas no son precisamente sutiles: solicitar tareas absurdas, gritar, bromas pesadas, ningunear, culpar, difamar, despreciar, vigilar, insinuar, aislar, difundir rumores y hasta agredir verbal o físicamente. El empleado puede llegar a padecer trastornos de ansiedad, baja laboral, depresión, suicidio y pérdida de la autoestima, haciendo que la persona se vea incapaz de buscar otro trabajo.

Pilar estaba feliz tras la reunión de la dirección, en la que su jefe se deshizo en alabanzas proponiendo su ascenso. Ya se había vuelto la jefa del departamento con un futuro prometedor. Se incorporó a su nuevo puesto y ese mismo día quedó a comer con sus nuevos compañeros. Tras ver que no aparecía nadie pensó que se había equivocado de restaurante. Al día siguiente le dijeron que les había surgido una importante reunión y no habían podido avisarla. ¿Ni del plantón, ni de la reunión?, pensó ella molesta. Sufrió varias maniobras de aislamiento como esta y después le llegaron los rumores que circulaban en su departamento: ella había ascendido porque se acostaba con el jefe. Y aunque era completamente falso no había manera de demostrarlo. A partir de ahí, Pilar empezó a tener molestias digestivas y contracturas que no la dejaban dormir y en varias ocasiones pidió la baja. Cuando se incorporaba no le asignaban trabajo alguno y si hacía un esfuerzo por integrarse en el que hacían ellos, aprovechaban para lanzar indirectas y gestos de desprecio entre ellos. Pilar no pudo aguantar más y acabó dimitiendo.

¿Te está pasando lo mismo que a Pilar? No te resignes, no les des más carnaza, no amenaces, todavía no enseñes tus cartas. Ciérrate en banda para preparar tu plan de acción, protégete e infórmate sobre tus derechos, busca asesoramiento legal externo a la empresa y recoge las pruebas que puedas del abuso, busca testigos y con todo eso defiéndete. Si la empresa hace caso omiso a esto, ya sabes que estás en un ambiente letal y más allá de que ganes un juicio, valora si quieres seguir trabajando en una empresa que puede acabar con tus ganas de desarrolarte profesionalmente de por vida. Por otra parte, si eres testigo de *mobbing* a un compañero, no te calles. Muchas de estas situaciones son creadas por una minoría y silenciadas por una mayoría por miedo a que, si hablan, se vuelvan ellos el nuevo objeto de ataque. La comodidad y el miedo te hacen cómplice de este comportamiento, puede que cuando acaben con tu colega vayan por ti; ya han visto que no reaccionas.

El síndrome de *Burnout*

Estas son las palabras de un médico del servicio de Urgencias que padece *Burnout* o lo que también llamamos el «síndrome del quemado»:

"Me levanto más cansado de lo que me acuesto. Me siento emocionalmente agotado, siempre malhumorado, pienso que ya no valgo para esto y estoy al límite porque tengo miedo de cometer un error".

Se trata del agotamiento psicológico producido por el desgaste profesional. El ambiente laboral se ha vuelto tóxico por el exceso de horas, por tareas repetitivas con un alto nivel de exigencia o peligrosidad y la poca perspectiva de cambio, lo cual genera bastante estrés laboral.

Puede afectar a cualquier profesión, pero es más frecuente en actividades asistenciales, es decir, en aquellos trabajadores que están en contacto con otras personas para resolver sus necesidades: médicos, profesores, psicólogos, enfermeros, policías o servicios de atención al cliente. La manifestación más característica de este trastorno es la despersonalización. El profesional adopta una actitud distante con las personas que lo rodean, tanto compañeros como aquellas a las que atiende, pacientes o clientes.

Hay un remedio ideal para combatirlo: tomarte unas vacaciones. Puede que no puedas desaparecer por una temporada o cambiar de trabajo, pero lo que sí puedes hacer es un esfuerzo y dedicar tiempo a hacer ejercicio, ya que la liberación de endorfinas disminuye el nivel de estrés. Con cuatro horas semanales reducirás el riesgo de padecerlo.

Aunque la causa del *Burnout* no es el ambiente tóxico, aunque éste puede tener un efecto de negatividad y apatía contagioso. Si no eres consciente de que estás trabajando con un colega "quemado" puede acabar quemándote a ti. Sí, ¡esto se contagia!

EL SÍNDROME *KAROSHI*

¿Estás pensando en trabajar a destajo durante semanas sin apenas dormir? Cuidado, puedes morir de *Karoshi*, que es como llaman los japoneses a la muerte por estrés laboral. Los empleados fallecen de muerte súbita por complicaciones como derrames cerebrales o ataques al corazón.

Si reconoces esos síntomas y estás planeando algún sobresfuerzo laboral, piénsatelo dos veces y toma medidas, o pide ayuda para salir de esa dinámica de vida ya no tóxica, sino letal.

SEÑALES QUE DICEN QUE TU TRABAJO ES TÓXICO

⚠ Ansiedad.

⚠ No ser capaz de desconectar.

⚠ Adicción al trabajo.

⚠ Sentimiento de culpa si no se está trabajando.

⚠ Trastornos del sueño.

⚠ Síntomas somáticos: dolores de cabeza o de estómago.

CUÁNDO HAY QUE DECIR «NO PUEDO»

Si tu trabajo te está quitando la salud emocional y física debes poner un alto. El crecimiento profesional nunca debe estar por encima de la salud. Si esto no lo tienes claro, revisa tus creencias erróneas acerca de lo que debe de ser un trabajo.

Si hay acoso laboral de cualquier tipo, desde el principio hay que denunciar y pararlo, no se trata de aguantar hasta que puedas, hay que salir de esa situación cuanto antes.

Si tu ambiente laboral resulta tan tóxico que te impide crecer profesionalmente o mantener tu salud a salvo, también tienes la opción de dejar tu trabajo, pero planifícalo bien y busca la alternativa que se adapte mejor a ti. No se trata de que aguantes tanto hasta que un día salgas corriendo a lo "Forest Gump" sino salir en tus propios términos, siendo recomendable que tengas en cuenta lo siguiente:

√ Actualiza tu currículum.

√ Retoma contactos profesionales.

√ Consigue buenas referencias.

√ Ahorra dinero para unos meses sin trabajo.

√ Avisa con antelación (suele haber un plazo legal).

√ Vete con clase; no caigas en la tentación de «desquitarte».

Tomada la decisión aprovecha este intervalo de tiempo para aprender habilidades sociales extras para lidiar con la gente tóxica. Un psicólogo te las puede enseñar y de paso ayudarte a reducir tu estrés laboral para que no te desborde el día menos pensado. Entiende que tanto hay personas que no te merecen, como también hay empresas que no te merecen, simplemente no saben valorar tu esfuerzo y talento.

CÓMO MANEJAR LOS EVENTOS DE UNA EMPRESA

Éstos no tienen por qué ser dañinos, aunque si el ambiente laboral lo es, la toxicidad también se trasladará a las reuniones y celebraciones empresariales. Lo que tienes que hacer es planteártelos como entrevistas de trabajo distendidas. Sí, no es diversión, es trabajo. Por eso no tienes opción, debes asistir. Es algo con lo que tienes que lidiar aunque no sea el aspecto que más te gusta de tu profesión. Si te organizas, podrás limitarlos a la mitad. Si es posible, hazlo personalmente y con previsión y seguro que los reducirás en número. Eso sí, sea del tipo que sea el evento laboral, hay que tomar unas precauciones básicas para no bajar la guardia y pasarse al lado oscuro, o puedes acabar haciendo o diciendo algo que no querías:

- √ Nada de alcohol, la deshibición es peligrosa y puedes acabar diciendo o haciendo cosas de las que te arrepientas.

- √ Nada de *look* relajado, y menos un poco "ventiladito", se puede interpretar como que abres la puerta al coqueteo.

- √ Nada de fotos, y menos colgarla en las redes sociales.

- √ Nada de temas comprometidos, vida personal, política empresarial. Todos estos temas pueden llevar fácilmente a conflicto.

- √ Nada de coqueteo, si te gusta alguien de tu trabajo mejor da el primer paso cuando no haya una relación laboral.

- √ Nada de información gratuita, si no sabes qué decir no digas nada y sonríe.

Hay compromisos o convivencias empresariales que se pueden, e incluso se deben, evitar me refiero a aquellas que quiere que integres tu vida personal dentro de ella hasta tal punto que parecen una secta. Su objetivo es que compartas gran parte de tu vida personal, y familiar con la empresa. Si acudes frecuentemente a este tipo de eventos les estarás dando no solo tu trabajo, sino también parte de tu faceta familiar y social a la empresa. Y aunque que no todos sean así, los eventos en los que hay convivencia implicada no solo contigo, sino con tu familia pueden hacer que la empresa acabe teniendo demasiada información y control de tu vida incluso corten la libertad de los tuyos.

"Hijo, a Pepé no le discutas tanto, déjale ganar, él es el hijo del jefe y no quiero que su padre acabe teniendo manía a tu padre".

Por otra parte, por mucho que un jefe trate de ser objetivo, es un ser humano y, como la mayoría, sus emociones también dictan sus decisiones. Por eso si le haces daño o algo que no le gusta en una convivencia laboral, aunque no lo haga de manera consciente, tendrá un efecto negativo en el trabajo.

Hay eventos tentadores, pero si los aceptas pueden traerte problemas. Es como aceptar sus valores: ¿y si éstos son dudosos? Aquí tienes algunas maniobras que están en la fina línea de fidelizarte o manipularte.

√ Convivencias familiares.

√ Viajes, banquetes, regalos y otras prebendas.

√ Pagarte el colegio de tus hijos para que vayan a uno que ellos quieren.

√ Proporcionarte una vivienda para que vivas en una zona donde están todos los empleados.

√ Fiestas privadas (en algunas pagan prostitución de lujo).

√ Campamentos familiares de empresa.

Tener una buena colaboración con compañeros del trabajo o tus jefes no conlleva que sean tus amigos. Una relación cordial con tu jefe no es una amistad. Tu jefe te puede ayudar pero siempre teniendo en cuenta que en la amistad no hay jerarquías y tu jefe está por encima de ti. Igual pasa con dejar que todo tu tiempo sea tomado por eventos de empresa. Has reflexionado sobre qué ocurrirá cuando dejes el trabajo. Te quedarías solo y aislado al no haberle dedicado más tiempo a cosas o gente que no tuvieran relación con la empresa. Hay muchos eventos a los que no tienes que ir pero te sientes obligado por miedo a "disgutar a tus jefes" y que esto afecte negativamente en trabajo. Lo curioso es que la mayoría se hacen en los tiempos personales del empleado y no en la horas laborales. Si tu empresa tiene constantes reuniones extra-laborales se está apropiando de tu tiempo personal. Aprender a decir "no" de una manera diplomática te va a evitar sentirte forzado a ir a muchos eventos en el futuro.

"Muchas gracias por la invitación, pero los jueves por la noche tengo un curso y se me hará imposible ir".

"Me encantaría ir, pero a la comida de los sábados vienen todos mis hermanos".

Si eres buen trabajador, crees en ti y si marcas los límites de lo laboral y personal desde el principio vas a evitar ponerte en situaciones de vulnerabilidad. Si por el contrario te sientes inseguro o no confías en tus habilidades, estarás yendo a muchas convivencias innecesarias que te pondrán en peligro.

La convivencia puede servir para fidelizar, pero también para acabar controlando mediante el miedo al empleado. Hay jefes que utilizan la técnica de la cena de empresa para que te relajes y que cuentes todo aquello que necesita saber de su trabajo. En el mejor de los casos terminarás contando cosas de tus colegas que nunca hubieras confesado en la oficina, y en el peor puedes llegar a soltarte de más y pueden acabar haciendo cosas que pueden ser utilizadas en tu contra. Desafortunadamente, todavía ocurre que algunas cenas de empresa se terminan en un club de "solo para hombres", haciendo cosas que ponen en riesgo su relación de pareja. Un ejemplo claro fue lo que le pasó a Francisco y la explicación ante una cena de empresa que acabó demasiado tarde.

"Me sentí obligado, tenía que tomar una copa,
no quería ser antisocial ni disgustar a mi jefe.
Acabamos a las 4 de la mañana, no me acuerdo en
que momento conocimos a nuestras acompañantes...
No sé cómo explicarle a mi esposa que era un evento
de empresa y que tenía que ir".

Probablemente su jefe no le obligó a nada, la decisión de ir a cenar y continuar la cena fue solo suya, pero ya tienen a Francisco agarrado para siempre. Saben que pueden manchar su reputación acabar con su familia y tenerle cerrada la boca para siempre.

3.3 Ambiente estudiantil tóxico

Los niños son los seres más vulnerables a la toxicidad de los adultos y después de los padres, los profesores tienen un gran impacto, postivo o negativo, en su desarrollo como adultos felices. Esperar que los profesores, por el hecho de serlo, sean personas maduras con suficientes conocimientos pedagógicos y responsables es mucho suponer. Hay que demostrarlo. Los niños son esponjas y en los primeros años de su vida tienden a aprender las cosas copiando a los adultos. Si tu hijo de repente actúa de una manera distinta o antisocial, está copiando a alguien y, muchas veces, es de los profesores.

Llevé a mi hija a preescolar justo el año anterior de empezar el colegio, pues pensaba que así no sería tan brusco el cambio. Era una niña obediente, pero con carácter, quería intentar hacer las cosas por sí misma, curiosa, cariñosa y deseosa de agradarnos con sus risas. Un día cenando los tres, su padre se hacía el payaso y le dije que se acabara la sopa. Ella sonrió y me dijo:

—Déjame a mí, mamá.

Se levantó de la silla, le dio un golpe en la cabeza y le gritó:

—¡Qué comas!

Y se sentó mirándome orgullosa de lo que sabía hacer. Su padre y yo nos quedamos con la boca abierta.

—¡¿Pero qué haces?! — *le dije.*

—*Pues decirle que coma* —contestó convencida.

Entonces le pregunté dónde había visto hacer eso, porque se me encendieron todas las luces y, efectivamente me respondió:

—*Es lo que hace mi profesora en el comedor.*

No bajes la guardia nunca, porque aunque se viva más tranquilo confiando, es necesario estar al tanto siempre de los encargados de ayudarnos con la educación de nuestros hijos.

Un ejercicio que funciona muy bien es jugar a los profesores y los alumnos, donde los padres hacen de alumnos y los hijos de profesores. Inventa una historia de un día de clase, crea todas las situaciones para que el niño responda como lo haría la profesora. Luego pregúntale si su profe también haría eso. Así vas a tener un repertorio de las conductas de su profesora. Si ves que actúa agresivamente, despectivamente o invade mucho los espacios físicos, es señal de alerta.

ESTRATEGIAS DAÑINAS UTILIZADAS POR ALGUNOS PROFESORES

Algunas formas de actuar de profesores pueden ser muy dañinos y podrían impactar negativamente en nuestros hijos. Puede que estos profesores no se den ni cuenta y que en cuanto se les diga cambien su actitud. Te muestro varios patrones erróneos de comportamiento de maestros que pueden ser nocivos para los niños.

LOS PROFESORES QUE ETIQUETAN

Este profesor tiende a categorizar a los niños, incluyéndolos en etiquetas. Se sirven de ellas para obtener las conductas deseadas que no siempre, por cierto, son las más adecuadas. Comparan entre alumnos o etiquetan entre listo/tonto, bueno/malo...

"Qué inteligente es Pedrito, resolvió inmediatamente el ejercicio".

"Sara, no pases tú al pizarrón, va a pasar Carla, que es más rápida".

LOS DESMOTIVADORES

Es un tipo de profesores que no premian el esfuerzo. Esto deja al alumno con la impresión de que no hay diferencia entre hacerlo bien y hacerlo mal, ¿para qué esforzarse entonces? O lo que es peor, consideran el error como fracaso, como ignorancia, y no como fuente de aprendizaje. Si hay algo que no han entendido estos profesores es el refuerzo y su funcionamiento. Están fortaleciendo conductas que deberían extinguir y extinguiendo conductas que deberían reforzar.

«Me imagino que todos han hecho la tarea, entonces vamos a pasar al siguiente ejercicio".

Los homogenizantes

Estos profesores no tienen en cuenta las diferencias individuales entre los alumnos. Tanto los distintos ritmos de aprendizaje como las distintas formas de adquirir los conocimientos son descartados. En las clases siempre hay niños que siguen un ritmo diferente al de la mayoría. Éstos, si no se adaptan a la forma de enseñar del profesor, están condenados a quedarse rezagados. Un ejemplo es el niño muy creativo que se distrae con facilidad; en vez de buscar el profersor la manera de captar su atención, le cae una lluvia de gritos cada vez que hace algo.

"No es hora de pensar en esas cosas, distraes a tus compañeros, haz este ejercicio como los demás".

Desgraciadamente, el profesor solo da importancia al posible retraso de la clase y no a las diferencias y talentos individuales de cada alumno.

Padres tóxicos en los colegios

En los últimos tiempos se ha dado la vuelta a la tortilla. No hace mucho, si tu profesor te mandaba una notita a casa, se te caía el pelo, pero, ¡bien!; ahora, como se meta el profe con el niño, más de un padre ha ido a encararse con él, incluso delante de sus hijos. Ambas posturas son nefastas. El problema está en la brecha abierta entre colegio y familia, las dos partes deberían trabajar al unísono, en la misma dirección y potenciarse los efectos mutuamente. Estos son algunos perfiles de padres que más que ayudar a la educación de su hijo están dañándola.

Los antiprofe

Se ponen sistemáticamente del lado del hijo, aunque este sea un niño con auténticos problemas de conducta y hacen comentarios descalificadores del profesor delante de los niños e, incluso, delante del profesor y del hijo al mismo tiempo. Esto es humillante para el profesor, negativo para la educación del hijo y vergonzoso por parte de los padres .

"Estoy cansado que me diga que mi hijo no acaba las tareas escolares; es su responsabilidad que lo haga".

Los grupitos

Los grupitos de la puerta de la escuela son temidos por todos los docentes. En estos grupos se ventilan rumores en lugar de hablar con el profesor, se critica a la institución sin proponer soluciones, se comentan los avances o retrasos de los niños e incluso se habla de las notas delante de ellos, como si no estuvieran. Sí, están y lo entienden todo, hasta eso tan feo que has dicho de su profesor.

"A mí ese profesor no me gusta nada, quién se cree él para enseñar esas cosas".

Los «delegeitor»

Este tipo de padres delegan toda la educación en el profesor, y cuando digo toda, es toda, no saben ni lo que hace su hijo en el colegio. A veces son los mismos que luego se quejan de que su niño adolescente no les cuenta nada.

Supervisar o echar una mano con las tareas, leer con ellos, ver cómo escriben, hablar de sus cosas del cole, resolver problemas y saber qué ha comido es responsabilidad de los padres. Si, además, los padres no predican con el ejemplo y no son un modelo para ellos, el impacto es aún más negativo. Nuestro hijos parece que no nos hacen caso, pero nos están observando constantemente. Como decía Einstein, el ejemplo no es la manera, es la única manera.

> *"Vengo de trabajar super cansada y encima su profesora quiere que me ponga a ayudar a mi hijo con los ejercicios. Si ella hiciera su trabajo bien no sería necesario".*

LOS CALIFICADORES

Solo valoran a sus hijos por las calificaciones. No prima el esfuerzo ni los comentarios positivos del profesor acerca del desarrollo de sus hijos, sino el resultado, que en última instancia, realmente no dependen de ellos totalmente. Esta situación aún empeora si utilizan las comparaciones entre hermanos o con otros compañeros,.

> *"Me da igual que mi hijo haya mejorado mucho, todavía no está al nivel del resto de los alumnos, no tengo por que sentirme orgullosa de él".*

BULLYING

Cuando hablamos de *bullying* hablamos del acoso y hostigamiento que se produce entre los niños y adolescentes. Este se puede dar en el colegio o entre los amigos. Aunque hay muchas variantes, normalmente se produce un ataque entre un grupo hacia otro niño. El hostigamiento puede llegar a ser tan grande que no quiera ir al colegio, siempre va a decir que se encuentra mal e incluso puede llegar al límite de querer quitarse la vida. Se sabe que las redes sociales tienen un efecto amplificador de la humillación, lo que hace que las consecuencias dolorosas sean todavía mayores para quien lo sufre.

Pero, ¿qué es exactamente? Un acosador o varios agreden de alguna manera y de forma constante a un compañero más débil, que no puede o no sabe defenderse, mientras que los que lo ven no hacen nada o contribuyen con los agresores por miedo a volverse el siguiente objetivo o por sentirse parte del grupo más fuerte.

¿Y de qué forma agreden intencionalmente a su víctima? Las agresiones verbales se llevan el Oscar, pero éstas no son las únicas; hay varios métodos para tiranizar a la víctima. Las pueden amenazar, pegar, ridiculizar, robar, insultar, aislar, chantajear, llegándose en ocasiones al abuso sexual o a la exposición de las humillaciones en el colegio o en las redes. El niño que padece de *bullying* tiende a esconderlo, bien por vergüenza, bien por culpabilidad o porque no quiere preocupar a los padres. De ahí que sea tan importante que éstos y profesores tengan una comunicación estrecha para detectar a tiempo cualquier indicio de hostigamiento.

Fíjate en el siguiente caso real de cómo una situación de *bullying* fue detectada y resuelta de forma correcta. Los padres del acosador, en vez de verlo como un ataque hacia ellos, tomaron cartas en el asunto de la manera más constructiva.

Cuando me llamaron del colegio para decirme que mi hijo estaba acosando a otro compañero, se me cayó el alma a los pies. Lo primero que me vino a la cabeza es preguntarme qué habíamos hecho mal. Luego me invadió la vergüenza y después la indignación. Decidí que esto no iba a quedar así. Hablé con él.

—¿Te gustaría a ti que te hicieran sufrir así? ¿Has visto el dolor que le has causado? — le pregunté.

Cuando mostró arrepentimiento real, le volví a preguntar:

— Y ahora, ¿cómo vamos a hacer para solucionarlo?

— Quiero pedirle perdón — me respondió.

Fuimos al colegio, llamamos a los padres y le pidió perdón al otro niño y a sus padres delante de todo el colegio. Después mi hijo decidió invitarle a jugar a casa.

Esta es la actitud adecuada. Idenficar al agresor, hacerle entender lo que ha hecho y pedir perdón. Mostrar el rechazo absoluto de las instituciones educativas y de los padres de los agresores.

Por otra parte, en esta sociedad de las redes sociales en la que se busca constantemente ser aceptado, los padres tendríamos que enseñar a nuestros hijos a reaccionar ante el rechazo: «No todos lo compañeros quieren ser tus amigos y tú no tienes que buscar la amistad de los que no te quieren». Los niños también tienen que fortalecerse emocionalmente para no convertirse en blanco de cualquier acosador, por eso es tan importante que los padres tengan una comunicación cercana con ellos, para poder distinguir entre la riña de un niño con otro y el ataque cruel del bullying.

3.4 LA DESHUMANIZACIÓN DE LOS SITIOS PÚBLICOS

¿Quién no se ha visto alguna vez en total desamparo a la hora de recibir atención en una entidad bancaria, un hospital o un aeropuerto? ¿Aquel funcionario o facultativo era como un muro infranqueable? ¿Dónde ha quedado eso de que «el cliente siempre tiene la razón»? Hablábamos páginas atrás del *Burnout* y del efecto de despersonalización que se produce en quien lo padece. Para disminuir el estrés bloquean su empatía o capacidad de ponerse en la piel del otro, y aquí surge el meollo de la cuestión la mayoría de las veces: nos deshumanizamos y deshumanizamos al de enfrente. Si sabes que la postura del otro es ésta, tienes que encontrar la forma para desmontarla, despertar al "muerto viviente", porque parece que anda muerto en vida.

EL TRÁFICO, DESCUBRIENDO TU CAVERNÍCOLA INTERIOR

Hay quien descubre lo polifacético que es en un embotellamiento a la hora punta porque aprovecha y escucha su curso de inglés, oye la radio o tiene grandes charlas con su pareja, sus amigos o sus hijos. Pero hay otros que al minuto de estar en esa situación sacan la bestia que llevan dentro y muestran signos de ansiedad, irritabilidad, tienen sudores o gritan y blasfeman, todos los ingredientes para tener o propiciar un accidente a pesar de ir a tan poca velocidad.

El estado emocional en el que entras en tu coche va a definir mucho cómo te comportas en él. Si ya estás estresado, enfadado o frustrado, cualquier detonante va a hacer que reacciones de manera completamente desproporcionada. Muchos olvidan que hay otras personas detrás de los cristales y deshumanizan su forma de conducir. Meterte en la maraña de tráfico de una gran ciudad en hora punta puede ser una de las experiencias más alienantes de tu vida y cuando digo *Alien* lo digo con toda la intención, ¡algunos parecen de otro mundo y que van en la nave nodriza!

Yo estaba en mi carril y él tenía un letrero de "ceda el paso". No solo no me lo cedió, sino que aceleró y se metió en mi carril. Le di por detrás, bajó del coche y como un energúmeno, empezó a golpear mi vehículo y a gritarme. Yo puse el seguro mientras decía a mis hijos que no se preocuparan porque no nos iba a hacer nada. Acabó detenido y tuve que llevar a mis niños al psicólogo porque no podían dormir.

Nuestro protagonista reaccionó de la mejor manera; si hubiese abierto la puerta, probablemente el *homo agresivus* lo podría haber matado o hubieran acabado pegándose entre ellos. La gente de alrededor se encargó de llamar a la policía. Resulta que este hombre había roto con su pareja ese día y su ira la pagó con una persona que nada tenía que ver.

No merece la pena poner en riesgo la integridad física por demostrar a alguien completamente agresivo que tenemos razón. Esa persona lo que quiere es descargar su furia y tener o no tener razón no es algo que le importe realmente. No le des lo que quiere, pon límites, protégete y salvada esa situación, son las pruebas y no los golpes las que demostrarán quién estaba en lo cierto.

Los bancos

Otras de las situaciones más frustrantes son las que se dan en las entidades bancarias. Tienen una curiosa amnesia que les hace olvidar que no solo eres el cliente, sino que tienes tus ahorros allí depositados y que les entregaste tanto tu confianza como tu dinero. Lo que hacen es tratarte en realidad como si fueras tú quien les debieras a ellos. No pides que te pongan la alfombra roja porque lo tuyo no son las reservas estatales precisamente, pero al menos, ¡que no se disgusten al verte!

Cada vez que voy al banco tengo que perder un día de trabajo porque sé que las largas esperas en ser atendido pueden ser la menor de mis preocupaciones. Si lo intento solucionar por teléfono, vía atención al cliente, estoy colgado una hora sin llegar a ningún lado pasando de operador en operador. No me pasan con el responsable, tengo que repetir lo mismo veinte veces y, por supuesto, no solucionan el problema. Si no acabo discutiendo con algún empleado maleducado todavía tengo que dar las gracias.

En estos casos se da una situación de indefensión por parte del cliente que, si no conoce sus derechos y cómo reclamarlos, poco puede hacer. Toma nota de quién te atendió y de la manera más correcta haz una queja que sea oficial para que no quede en saco roto.

LOS HOSPITALES

Uno de los ambientes más humanos y deshumanizados al mismo tiempo son los hospitales. Si tienes la mala suerte de encontrarte con un personal de enfermería o médicos resentidos, aprovecharán cualquier oportunidad para pagarla contigo o tu familiar.

Aquella noche todo se torció y acabamos en el hospital. Mi padre no tenía bastante con la quimioterapia y resbaló rompiéndose la cadera. Llegamos a Urgencias y tras tres horas en la camilla seguía sin aparecer ningún médico. Mi padre tenía mucho frío por la quimioterapia, no había mantas por la huelga y cuando fui a buscar una me contestaron:

—No tenemos, por los recortes.

—Bueno, ¿le puedo dejar mi abrigo a mi padre? —dije yo.

Me miró y su respuesta fue un rotundo no.

Obviamente, a este trabajador le daba igual el padre de esta chica, y además, estaba descargando su frustración sobre la persona más vulnerable que en este caso era un paciente oncológico terminal. Quería que el familiar reaccionara de manera agresiva para conseguir su objetivo, que la situación se radicalizara. Contrariamente, la hija buscó entre todo el personal de enfermería a aquella persona más humanizada para pedirle de la manera más empática, de nuevo, una manta.

En cualquier ambiente, por muy deshumanizado que sea, vas a encontrar a alguien sensible y afable que, si explicas con claridad y con cariño lo que te pesa, te intenta ayudar. El problema es que llegado a un punto de frustración grande, cuando llegamos a esa persona en vez de pedirle ayuda, la reclamamos. Por eso es mejor tomarte un minuto respirar y darle la oportunidad a esa persona que se ponga en tu lugar, pero primeramente ponerte tú en su lugar. Cuando necesites ayuda, analiza todo lo que la persona ésta haciendo y sintiendo e inclúyelo antes de pedirle lo que necesitas, así se resolvió la anterior situación.

"Me imagino lo que deben de ser 8 horas trabajando con esa presión. Mi padre lleva 6 ciclos de quimioterapia y el frío le causa mucho dolor, si usted no puede lo entiendo pero podría decirme donde conseguir algo para arroparlo".

SERVICIOS DE ATENCIÓN AL CLIENTE

Una de las grandes frustraciones es querer quejarnos por teléfono. La mayoría de las empresas tienen este tipo de servicios, y muchos solo por cuestión de imagen, ya que no tienen ninguna intención de ayudarnos. Para distinguir los unos de los otros, el criterio más importante es saber si verdaderamente nos escuchan, si tratan de entender nuestra reclamación, la magnitud de las consecuencias de su error y qué soluciones proponen.

Si empiezan a hablarnos de las reglas de la compañía o de las especificaciones de la letra pequeña no tienen ningún interés en ayudar; solo quieren desviar la queja. Si dicen que no nos pongamos nerviosos es precisamente para que nos alteremos y que subamos la voz. Consciente o inconscientemente buscan sacar lo peor de nosotros, que nos frustremos, perdamos el control y de paso utilizar la grabación en nuestra contra y evitar que te puedas quejar a sus superiores.

Si te ocurre esto no insistas, no le regales el placer de tu frustración, dale las gracias y canaliza tu queja de otra manera. Manda tu queja por escrito y comparte esta mala experiencia en tus redes sociales para que, al menos, puedas evitar que otros no pasen por lo mismo.

TIPS PARA DESPERTAR ZOMBIS

Como a esta gente este tipo de ambientes les han vuelto muertos vivientes, la mejor manera de llamarlos es zombis. La realidad es que en el fondo son vivos "murientes", es decir, se hacen los muertos porque sienten que la situación no la pueden cambiar y la mejor manera para no sufrir es desensibilizarse. Así no solo no les dolerá no ayudar a la otra persona, sino que la reación negativa del otro ante su pasividad les servirá de munición para no sentirse culpables. Aquí van algunas estrategias para despertar al zombi o revivir al vivo muriente.

BUSCAR EL CONTACTO VISUAL

¿Nunca te has preguntado por qué lo evitan? ¿O pensabas que era algo natural? Aunque lo eviten, espera, mantén la mirada, espera, esperaaa, ¡ya! Ahí lo tienes, ¡contacto! Ahora ya te puedes comunicar, ¡no me falles!, nada de maniobras agresivas que hagan que vuelva a mirar para otro lado.

NO EXIJAS, PIDE AYUDA

Si empiezas exigiendo, solo vas a conseguir que se cierren, mejor dicho, que se blinden. No es cuestión de manipular, pero darle el empoderamiento de ser la persona que te puede ayudar puede hacer que algunos reaccionen.

"Yo sé que tú puedes ayudarme en este lugar".

Algunos zombis están inmunizados a la compasión y al halago, ¡elige bien! La amenaza siempre en último recurso, ya sea en forma de avisar al superior, pedir libro de reclamaciones, etc. También hay algunas personas que no necesitan que las despierten: ya vienen muertos de fábrica. Ahí poco hay que hacer, busca otra persona, engancharte con él solo aumentará su placer al verte cómo te vas frustrando; sabe que tú no vas a conseguir tu objetivo y además tienes su atención plena. Lo que sí es importante es que, una vez resuelto el problema, pongas una queja de esa persona, la impunidad retroalimenta a esa gente a continuar siendo igual de mísera, y desmotiva a aquellos que hacen bien su trabajo.

3.5 Ambiente vecinal

Toxicidad en la puerta de al lado

Antes de continuar me gustaría resaltar que hay vecinos maravillosos con lo que puedes llegar a tener una gran amistad. Pero también es conveniente aprender a idenficar los focos que pueden generar futuros roces, conflictos e incluso situaciones que lleguen a hacer daño a ti y a los tuyos. ¿Eres de los que alguna vez entran en su casa de puntillas, o les pides a tus amigos que bajen el tono de voz para que el vecino no te oiga? Porque sentirse uno en la propia casa sin intimidad por el acoso de un vecino o por el ambiente tóxico vecinal generalizado, puede ser una verdadera pesadilla.

Si hay zonas comunes en el edificio, no dudes en darte una vuelta y escuchar. Lo más probable es que empieces a detectarlos o directamente alguien te ponga sobre aviso porque eres «el vecino nuevo». Lo normal es ser amable y tener buena relación de puertas para afuera, y estar alerta a los intentos de invasión de puertas para adentro. Más vale prevenir. Aquí tienes una clasificación de algunas especialidades vecinales.

Los ruidosos

Sabes cuando llegan a casa porque enchufan algo, ponen música para todo el edificio o repiquetean los tacones. Ruido, mucho ruido. Sea cual sea el problema, dilo, habla de la situación e intenta solucionarlo.

Pensaba que jamás sería capaz de ir a casa de mi vecina y decirle que no podía más, que parara ya. Su taconeo era sistemático y empezaba a las seis y media o siete de la mañana. Llevaba varios años aguantándolo, de hecho, la llamábamos «la tacones». Pero tuve un bebé y ahí se hizo insoportable. El efecto radar de la maternidad me hacía oírlo mucho mejor y, además, despertaba a mi hijo, a mí, que casi no dormía, o a los dos.

Un día me puse enferma y mi desesperación me hizo enfrentarme al problema. Fui a su casa, abrió la puerta y le expuse la situación. Con una risita me dijo:

—¡Qué pena, cómo se entere mi marido! Siempre me dice «seguro que la vecina está harta de tus tacones».

Los exhibicionistas

Da lo mismo lo que sea; lo quiere compartir contigo, bueno, más que compartir contigo, quieren presumirte y te invita a su casa para mostrarte lo que tiene y ver qué cara pones. Cuidado, padecen de envidia y puede que se crean con derecho de entrar en tu casa. Total, ¡tú has entrado en la suya!

"Tienes que venir a ver lo que me he comprado".

LOS «PEDIGÜEÑOS»

Se mete en tu casa con la excusa de pedirte algo, pero realmente está tomando contacto para invadirte y colonizarte tus espacios íntimos. Empieza pidiéndote café y dentro de poco lo tienes tomándoselo en tu cocina.

"¿Tienes un poquito de sal? Tan tarde y ¿tu marido no ha llegado? ¿Todo bien en tu matrimonio?".

LOS «UNMINUTITO»

A cualquier hora se plantan en tu casa y, con el preámbulo de «un minutito nada más», te toca aguantar dos horas de su charla, sea lo que fuera que tú estabas haciendo o tenías que hacer. Esto es muy agotador, no lo permitas.

"Sé que acabas de llegar a casa y estás con tus hijos pero, ¿te importa darme un minuto?".

LOS RADIOMACUTO

Llevan la vida de los demás a todo el mundo. A ti te cuentan de la vecina de al lado y cuando salen de tu casa, le cuentan la tuya a la del otro lado. Además, opinan de todo de forma exasperante y tu vida privada o lo que deberías hacer con ella es uno de sus temas preferidos.

VECINA. —¿Llevas mucho tiempo con tu pareja?

TÚ. —Más o menos.

El mensaje real es: *«No, no te quiero hablar de mi vida».*

Si tu vecina sigue insistiendo dile:

Tú. —*Perdona, pero soy tímida y no me encuentro a gusto hablando de estas cosas.*

LOS «KINDERGARTEN»

Hay vecinos que piensan que tu casa es la guardería. Un día cubriste una emergencia y ya te has convertido en la niñera de sus hijos. Dicen con ellos en la puerta, ¡a ver quién los echa!, que ahora mismo regresan y te los endosan toda la tarde, o peor, ¡total, ya que se queden a dormir!

Este tipo de vecinos juegan con nuestro sentido de la educación y se intentan aprovechar de ello. En el fondo manejan la culpa, pues tenemos muy arraigada la idea de que hay que ser hospitalario y no echar a la gente de nuestra casa si nos molestan. Aguantarlos únicamente les hará pensar que pueden acampar a sus anchas por tu casa y por tu vida. Una forma de poner límites es dejarles claro cuándo te tienes que ir y que no pueden contar contigo todo el día.

> *"Me puedo quedar una hora con tu hijo*
> *pero luego estaré ocupada".*

La clave es no dar pie a que piensen que pueden entrar en tu territorio o intimidad. Lo puedes hacer de una manera muy sútil, y si no entienden el idioma de la sutiliza entonces tienes que pintar la línea y cortar por lo sano.

Aun a riesgo de parecer un poco seca, debes poner desde el inicio los límites. Si luego se acabán conociendo y se vuelven mejores amigos maravilloso, pero es preferible parecer así al principio que acabar rezando para que se muden.

3.6 REGLAS PARA LIDIAR CON LA MAYORÍA DE LOS AMBIENTES TÓXICOS

CÓMO ENFRENTARSE A LOS AMBIENTES TÓXICOS

Cómo has comprobado, la mayoría de los ambientes tóxicos tienen muchos patrones parecidos, por lo que estas directrices generales de acción te vendrán muy bien.

Es vital que sepas identificar lo que quiere el tóxico de ti y no dárselo bajo ningún concepto. En el momento en que se lo das, se rompe ese equilibrio y la toxicidad tiene vía libre. ¿Qué hacer si se llega a ese punto de no retorno? Si es posible llegar a un «acuerdo», mejor: «Me estás irritando, tóxico», «Ok, me retiro, víctima». Ahora bien, si no es posible, no te lleves el engaño, es personal, que nadie te intente convecer de lo contrario, y entonces es cuestión de defensa propia. No tengas remordimientos ni miramientos en quitártelo de en medio de forma radical, por muy íntimo que sea el círculo que ha invadido. Se trata de tu integridad física y emocional.

Técnicas generales para no romper el Status Quo

No caer en el oscuro pozo de la ira

Aprende a no dejarte llevar por el tóxico y no caer en la ira mediante respuestas asertivas. ¿Recuerdas cuando te decían de pequeño que si querías que Fulanito no te hiciera rabiar, lo que había que hacer era no rabiar? Pues eso, ¡una vez más hay que poner en práctica el consejo de la abuela! Gran verdad.

Practicar el «no» sin miedo

Tienes que vacunarte de la opinión ajena. Repite conmigo: «No me importa lo que otros piensen de mí». Repítelo hasta que te lo creas. Así aprenderás a enfrentar conflictos y a no temer el rechazo.

El jefe que te pide que no te vayas de vacaciones. Ante tu negativa, te pregunta si no conoces a algún compañero de facultad que haga lo mismo que tú. Utiliza el ninguneo o el miedo a poner a alguien más para que cedas a sus demandas.

"Ahora mismo no conozco a alguien, pero preguntaré por ahí, seguro que hay más de uno. Gracias por proponer una solución".

Dar las gracias

Junto con el «no» siempre el «gracias»: «Gracias y lamento no haber tenido el mismo efecto en ti», «Gracias y lamento no poder hacer lo que me pides».

*"Gracias por contar conmigo y perdona
por no tener tiempo para eso".*

ANIQUILAR LA CULPABILIDAD

Mucha veces, la culpa es lo que te hace ser incapaz de decir «no». Pues debes saber que lo paga tu autoestima, y además, ¡te seguirás sintiendo culpable por haber hecho algo que no querías hacer! Es típica la estrategia de que si no lo haces tú va a ser un fracaso, y tú cedes porque te hacen sentirte culpable de fracaso. Aquí la clave es agradecer, proponer una opción de salida y dejar claro que el éxito o el fracaso de un proyecto no se debe solo a una persona.

*"Muchas gracias por decirme que hago tan bien
la base de datos. Si falta hacer otra es imposible que
se acabe a tiempo haciéndolo yo sola, necesitamos
a alguien más o no cumpliremos el objetivo".*

DEFENDERSE ASERTIVAMENTE

Si llega el caso de sentirte que alguien atraviesa tus límites y lo sientes como una agresión, ¿cómo sueles reaccionar? ¿Peleas? ¿Huyes? ¿Hablas?

A la hora de comunicarnos con los demás podemos ser asertivos, pasivos o agresivos. Evitar que nos manipulen sin tener un ataque de ira o hacer una estampida es posible siendo asertivos. Si no te comunicas de esa manera te estás haciendo daño tú y, probablemente, puedas hacer daños a otros.

√ Decir y hacer lo que piensas o quieres, respetando lo que piensan o quieren los demás, es ser asertivo.

√ Dejarte manipular, aguantarte y acabar haciendo algo que no queremos es ser pasivo.

√ Aguantarte, enfurecerte por dentro y ejercer la apatía e indeferencia es ser pasivo-agresivos.

√ Reaccionar desproporcionadamente, gritar y/o amenazar es ser agresivo.

Si no eres precisamente asertivo a la hora de defender tus derechos, no te preocupes, puedes entrenar tu asertividad en cada una de las situaciones que te suelen hacer sacar un mostruo que no reconoces. La clave es siempre, respirar y analizar lo que te dijo la otra persona, ponerte en el lugar de él para interpretar lo que te dijo y que partes de lo que te dijo puede tener razón y estás dispuesto a hacer concesiones y que partes sientes que no tiene razón y atraviesan tus límites. Una vez que lo tienes claro, tómate un tiempo en elaborar lo que vas a decir, nada de disparar tus palabras sin sentido y después explícale en que cosas estás de acuerdo y en cuales no y por qué, muéstrale tu punto de vista. La clave no es ganar, la clave es negociar tus límites.

Si entrenas la asertividad te puedes hacer todo un Jedi de la comunicación para no dejar que nada ni nadie te lleve al lado oscuro de la toxicidad.

Notas

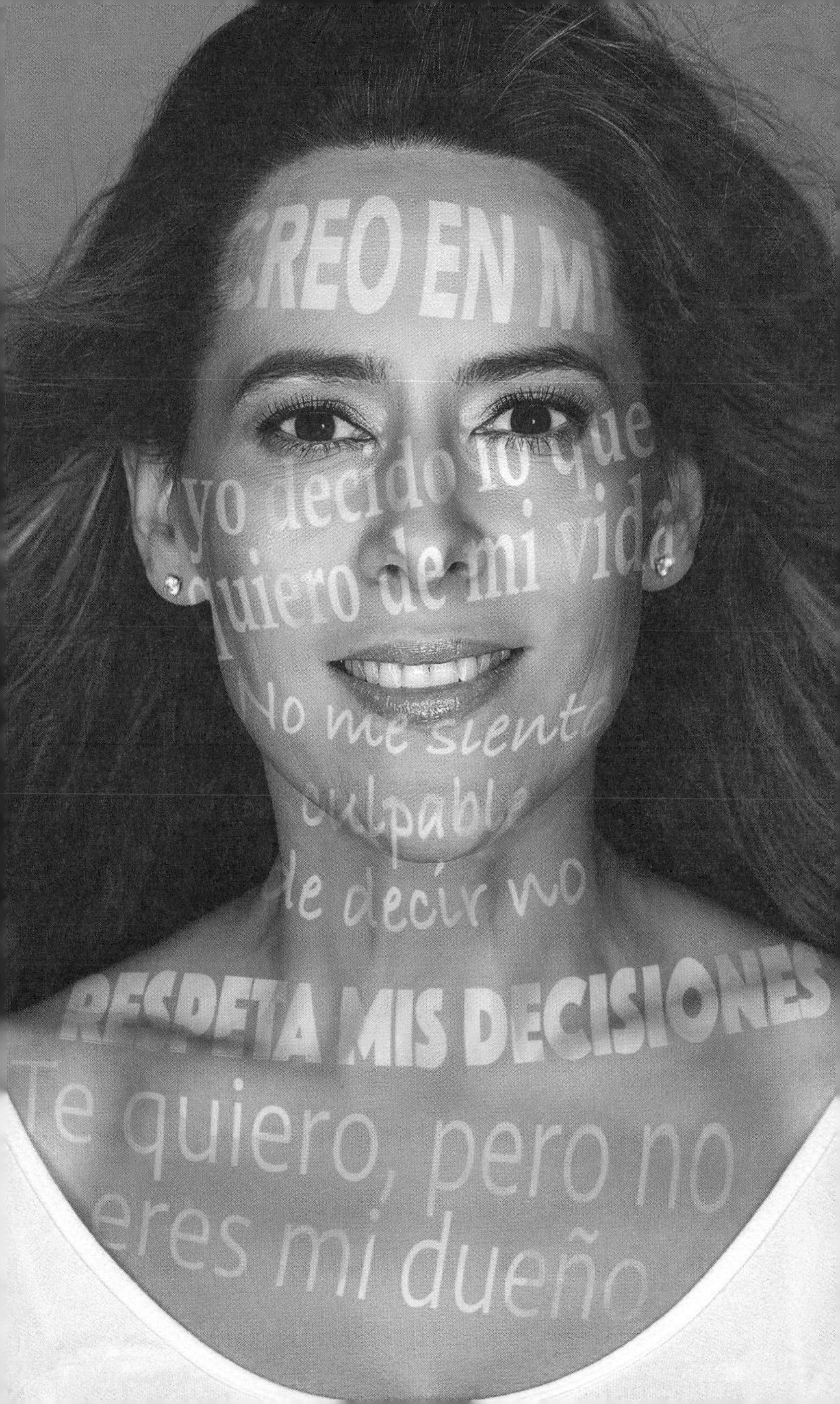
CREO EN MÍ
Yo decido lo que quiero de mi vida
No me siento culpable de decir no
RESPETA MIS DECISIONES
Te quiero, pero no eres mi dueño

COMO ACABAR CON LA TÓXICIDAD EMOCIONAL

Ya se ha hablado de las relaciones tóxicas, pero ¿cuál es el mecanismo de acción que tienen los tóxicos para salirse con la suya? Si has llegado hasta aquí ya has avanzado mucho para poder luchar con la toxicidad emocional, has aprendido a detectarla. Una vez que lo hayas hecho es importante que establecezcas el grado de toxicidad que tiene esa persona o situación.

Hay individuos cuya toxicidad es baja y puede únicamente molestarte y volverte intolerante hacia ciertas cosas, pero hay otros que su nivel de toxicidad pueden destrozar hasta tu vida. La toxicidad emocional tiene varios orígenes: puede venir de los ambientes en los que nos movemos, de las personas con las que nos relacionamos y, por último, puede aparecer por nuestras propias creencias.

Es cierto que las ideas han podido ser inculcadas por nuestros padres o por gente que está a nuestro alrededor, pero están tan arraigadas en nosotros que algunos piensan que son parte de nuestro ADN. De nada sirve culpar a otras personas ni hacerse reproches. Lo importante es que siempre estás a tiempo de cambiarlas.

Tus pensamientos tóxicos pueden estar asociados a tus creencias sobre ti y tu entorno. En ambos casos es vital cuestionarlas, neutralizarlas y sobre todo, proponer una creencia alternativa que la sustituya. Algunas ideas erróneas solo es cuestión de identificarlas como tal para retarlas; otras se han vuelto parte de nosotros y pueden incluso representar la pérdida de identidad. Esto sucede muchas veces con la forma que tiene de ver la vida la gente negativa.

Ya sabes que un amigo extremadamente pesimista que siempre ve el vaso semi vacío o que todo el tiempo te recuerda que, hagas lo que hagas, las cosas no se pueden mejorar, puede acabar tiñendo tu realidad de negro. De una manera gradual, gotita a gotita, va oscureciendo los cristales a través de los que tú ves el mundo y, sin darte cuenta, te vuelves tan pesimista como él, a no ser que apliques un limpia cristales emocional.

Al igual que aprender a identificar la gente tóxica es el primer paso para detectarla, hacer un análisis de tus creencias y tus pensamientos debe ser el paso inicial para sacar la toxicidad de tu vida.

4.1 IDEAS QUE DISTORSIONAN LA REALIDAD

Muchas de las opiniones que tienes sobre ti o sobre la forma de ver tu entorno no te las has cuestionado, las aceptas y tus decisiones diarias están basadas en ellas. Son creencias que has aprendido y que ni se te pasa por la cabeza que te puedan dañar y mucho menos que puedan ser cuestionadas. Lo peor de esto es que esas ideas tóxicas van a determinar en bastantes ocasiones las resoluciones que tomes en tu vida. ¿Te has puesto a pensar cuáles de tus creencias son fruto de tu propio análisis? Muchas son opiniones de otras personas o son inculcadas por tu familia; otras son culturales o religiosas, y la mayoría rigen tu vida e incluso son dogma de fe.

Hasta hace poco, por ejemplo, una mujer divorciada era percibida como una fracasada. Era preferible que viviera infeliz el resto de su vida con el hombre al que no amaba a que se separara y pudiera reinventar su futuro. Retar esta idea era algo que nadie se planteaba, y cuando tú, como mujer, lo hacías, la respuesta era «quién eres tú para decir eso». Mujeres que autosabotearon las relaciones sexuales plenas por cumplir con la creencia tóxica de que tenían que ser castas, o de lo contrario eran «sucias». Ahora estas creencias pueden causarnos risa, pero fueron fuente de gran dolor para muchas mujeres. En la Edad Media había hasta información «científica» de que eran menos inteligentes que los hombres. La mujer ilustrada que se dedicaba a la medicina pasó a convertirse en bruja. En inglés, de *wise woman* pasó a *witch woman;* o sea, de «sabia» a «bruja». Todo por saber demasiado. Fueron excluidas de las universidades y se las recluyó de todo tipo de estudios por no estar «diseñadas» para ello. Lo peor de esta creencia fue el impacto negativo que causó en la autoestima femenina de la que hasta ahora sufrimos las secuelas, pues aún hay muchos hombres y mujeres que consideran a las mujeres menos capaces para tareas intelectuales.

Si volvemos al presente, ¿cuántas ideas están totalmente contrapuestas con los valores humanos, pero empresas, sistemas e incluso países las utilizan? No solo las aceptamos, sino que nos sentimos culpables si no las cumplimos. Si en tu código ético acusar y delatar a una persona es erróneo, nadie te puede obligar a que denuncies a alguien por llegar tarde.

No eres feliz, pero te autojustificas que las cosas no pueden cambiar. Si solo vives una vez, ¿por qué no estás haciendo lo que te gusta? ¿Por qué estás con personas que no aguantas? ¿Eres de los que piensan que tienes suerte por trabajar sin cuestionarte que dedicas nueves horas de tu día a algo que no te gusta? ¿O crees que tienes suerte de tener pareja aunque realmente no seas feliz? Sin darte cuenta te estás pareciendo mucho a quien dice cosas como:

"No me puedo quejar, no es mal marido,
ni me pega ni es un borracho".

"Al menos pago la hipoteca, aunque sea el trabajo
más aburrido que he tenido".

CREENCIAS ACEPTADAS
QUE LIMITAN TU PROYECTO DE VIDA

¿Cuántas ideas has aceptado que están limitando tu proyecto de vida? Empieza a retarlas porque éstas son el veneno más tóxico; no solo te van a impedir que cumplas tus proyectos personales, sino que, además, pueden potenciar los efectos nocivos de la gente tóxica.

Por otra parte, los medios de comunicación nunca han sido tan tóxicos como los actuales. Aceptamos lo que escuchamos o vemos en la tele e Internet sin cuestionar nada de lo que dicen, para muchos se vuelve incluso su credo, sin saber, además, que la mayoría tienen la misma intención que una persona tóxica: manipularnos.

La industria de la publicidad tiene un único objetivo: vender. Y para ello hay que crear una necesidad. Aunque sea una idea completamente absurda o innecesaria, los publicistas la convertirán en imprescindible. La mayoría aceptamos, sin cuestionarlo, que debemos ser «perfectos», padres o madres, con cuerpazo, sin arrugas, y si no tenemos eso sufriremos el rechazo. Así te lo plantean, te inoculan el miedo, por lo que no te queda otra opción que hacer algo para remediarlo. Curiosamente, por casualidad ellos tienen la solución y te la quieren vender.

Por ejemplo, ideas tan absurdas como que las mujeres tenemos que estar por debajo de nuestro peso ideal para vernos bien, cuando la realidad es que para ovular necesitamos tener un 20 por 100 más de grasa que los hombres, está haciendo de la anorexia una enfermedad endémica. Los medios han hecho que algo tan característico de la mujer como es la celulitis se convierta en el enemigo público número uno. Es típico el comentario de la amiga que te suelta sin aviso.

"Tiene un cuerpazo, pero qué pena que esté tan gordita de las caderas".

No solo no nos revelamos contra estas ideas sino que las aceptamos sin cuestionarlas, y algo tan natural como es envejecer lo han convertido en una enfermedad.

"Estás guapísima con ese maquillaje, pero se te notan las patas de gallo".

"Fíjate en sus brazos, se le nota toda la flacidez".

¿Y a los hombres? Pues a los hombres les atacan donde más les duele: directamente en su virilidad. Que los hombres tengan que aguantar maratones sexuales de horas o de lo contrario son malos amantes, es algo que los jóvenes asumen como algo natural. Están atiborrándose a pastillas que no necesitan o anormalmente obsesionados por el tamaño, debido al sesgo producido por muchos canales virtuales de pornografía.

IDEAS ERRÓNEAS

IDEA ERRÓNEA ⇨	SUTITÚYELA POR
Tienes que ser el mejor.	Tienes que hacerlo lo mejor que puedas.
Si no tienes contactos no vas a conseguir ningún trabajo.	Si no tienes contactos tienes que trabajar más duro.
A tu edad no aspires a mucho.	Te queda el resto de tu vida para vivirla como quieras. No te resignes.
Es lo que te ha tocado vivir.	Te han tocado esas circunstancias, pero las puedes cambiar.
Tengo que parecer perfecto.	Tengo que ser la mejor versión de mí.
Le sacas diez años a tu pareja.	Nos amamos y tenemos el mismo propósito de vida, con eso es suficiente.
Una mujer sin hijos no está completa.	Yo con mis opciones de vida estoy completa. La maternidad no es una de ellas.
A tu edad tienes que sentar la cabeza.	Ya es hora de que hagas de tu vida lo que realmente quieres.
Si no eres famoso no eres nadie.	El reconocimiento viene por el respeto y la admiración.
Hay que ser perfecto.	Eres único; nadie es perfecto.
Eres un fracasado; fallaste.	Cometiste un error; aprendiste de él.
Tu empresa es como tu familia.	La empresa te da el trabajo, pero sus lazos de lealtad son otros.

Si antes algunas creencias venían dictadas por la religión y nadie las cuestionaba, ahora el nuevo dogma de fe es lo que dice la ciencia. Y cuando hablo de ciencia me refiero a cualquier estudio realizado con una muestra de personas, que no representa a la gente del pueblo del propio investigador y que está enfocado a demostrar lo que quiera la empresa interesada. Curiosamente, es frecuente que los anuncie un señor de muy buen ver con bata blanca.

En el terreno laboral, esa idea errónea de que siempre hay que ir por más, es una creencia enfermiza que nos crea una insatisfacción constante, pues además de no conformarnos con lo que ya tenemos, no nos permite disfrutar de lo que hemos logrado.

"Ya has acabado el libro, ¿para cuándo el siguiente?"

*"Conseguiste tus objetivos de venta,
ahora ¡a duplicarlos!".*

Para los niños no es suficiente aprender dos idiomas, sino que les incluyen otros dos de repuesto, además de tener una agenda llena de actividades con judo, matemáticas, método Kumon, baile, natación… Parece ser que para prepararlos para el futuro hay que inundarles de actividades, dejando de lado la parte más importante del aprendizaje para el niño, que es, precisamente, el juego.

Además, también se ha satanizado el aburrimiento, si el niño se aburre un rato es un fracaso para los padres. Cuando el aburrimiento puede ser una oportunidad de que el niño se encuentre consigo mismo. Esa obsesión con mantenernos distraídos constantemente nos aleja de lo más importante, nosotros mismos.

Ante el continuo bombardeo de ideas desfasadas o directamente falsas, ante una sociedad insaciable en la que la cantidad predomina sobre la calidad y lo que nos falta sobre lo que ya tenemos, entramos en una dinámica de vida enfermiza, como el ratón de laboratorio en la rueda que corre y corre para no llegar a ningún sitio. Parar esa rueda, cuestionar esos conceptos y ver si de verdad están en línea con nuestros objetivos y nuestros valores, es algo que la mayoría no hacemos. Pero en el momento en que los cuestionamos, adaptamos la realidad a nuestras necesidades y la vida se transforma. De forma gradual nos liberamos de todas esas influencias tóxicas.

No quiero decir que todo lo que no está en línea con tus valores sea malo, pero, sin duda, cuando haces algo que es totalmente opuesto a tu naturaleza y tus principios, acaba dañándote. Transformar tus circunstancias está en tus manos, no tienes que hacerlo de la noche a la mañana, pero puede que merezca la pena que consideres un cambio de aires, lugar de trabajo, gente e incluso país, no siempre significa huir, sino convertirte en la persona que realmente siempre quisiste ser.

Ahora el trabajo te toca a ti. Toma lápiz y papel y apunta qué creencias erróneas te están limitando, para sustituirlas por alternativas que te permitan alcanzar tus metas.

4.2 Cómo sacar gente altamente tóxica de tu vida

Una de las ideas erróneas que más cuesta abandonar es la de que se puede cambiar a la gente altamente tóxica. Y precisamente es esa resistencia la que potencia el daño que nos hacen ciertas personas. Las reglas internas o los valores que rigen su vida son muy distintos a los tuyos, y por eso tu estrategia en estos casos tendría que ser otra. Si para sentirte en paz quieres intentar, prueba a hacerlo, pero desafortunadamente el cambio tiene que salir de ellos, no depende de ti. Lo que sí puedes cambiar es lo está en tus manos: la forma de comportarte tú frente al tóxico.

Lo más efectivo es transformar nuestra posición: identificamos, ponemos límites y neutralizamos todo efecto que pueda tener esa persona en nosotros, no dejándole actuar de ninguna forma posible en nuestra vida.

A muchos les puede costar imaginar esta posición, pero si lo comparamos con una situación que todos hemos vivido, como es la enfermedad, no se nos hace tan difícil entenderlo. Cuando nos ponemos enfermos, asumimos que nos hemos contagiado de un virus o bacteria, y que si nuestro sistema inmune es fuerte y le damos una ayudadita con las medicinas, nos acabamos curando. No intentamos entender el comportamiento de la bacteria o nos sentimos culpables por habernos contagiado, nos preparamos para enfrentarlo, pues de lo contrario nos acaba invadiendo en todos los niveles.

Muchas veces, intoxicarnos es una cuestión de mala suerte, pues en esta sociedad en la que algunos valores están bastante trastocados, hay gente dañina que, al ocupar lugares de poder, puede magnificar su campo de acción y, como algunos virus, acabar infectándonos lentamente y casi sin remedio.

Si sabes qué medidas de acción debes tomar para poner límites ante el ataque tóxico, éstos son como los virus y se buscarán otro nicho de actuación. Y al igual que el sistema inmune te ayuda a que ningún «bicho» malo pueda contigo, una autoestima fuerte te va a inmunizar ante la toxicidad emocional que te rodea. Por tanto, una vez que has aprendido a identificar la toxicidad, el siguiente paso es aprender a fortalecer tu sistema inmune "antitóxicos" para no ser pasto de ella.

En las siguientes páginas te voy a mostrar los mecanismos que te hacen «ceder» ante el invasor, pero también te voy a dar las herramientas para pararlo. Tu arma letal va a ser tu autoestima y lo bueno es que la puedes fortalecer. Si mantienes una buena valoración de ti, podrás retar tanto las ideas impuestas en tu entorno como a la gente tóxica. Tu autoestima es como el sistema inmune de tus emociones. No es casualidad que las personas con la autoestima más baja se vuelvan el objetivo de personas altamente tóxicas. Lo malo es que en lugar de aceptar que tienen un problema y que por eso atraen a la gente tóxica, sienten que tienen la mala suerte de encontrarse con ese tipo de gente. Este tipo de comentarios es muy típico de una persona con una autoestima baja que no ha sabido poner límites.

"Toda mi vida he tenido muy mala suerte y se han aprovechado de mí, qué he hecho yo para merecer esto".

Vamos a analizar a tóxicos e intoxicados, porque de esta lectura saldrás experto en la identificación y manejo de estos «manejantes». La persona tóxica tiene un objetivo muy claro: conseguir algo, y para ello utilizará las estrategias específicas para alcanzarlo y una vez logrado te dejarán hasta que necesiten otra cosa más. Aunque el verdaderamente peligroso es aquel al que le gusta apoderarse de tu vida, el que disfruta ejerciendo el control sobre ti.

Como vimos antes, el tóxico utiliza distintas tácticas con tal de salirse con la suya y las adaptan a tus «debilidades». Y es que hay formas erróneas de reaccionar ante el ataque tóxico que, contrariamente a lo que pensamos que va a suceder, provocan que el tóxico se salga con la suya o incluso te haga sentirte peor persona.

FORMAS ERRÓNEAS DE REACCIONAR ANTE UN TÓXICO

Muchos utilizan el ataque o el consentimiento para responder a la presión de la persona tóxica. Estas dos estrategias pueden acabar desgastándote emocionalmente tanto, que acabas cediendo ante la persistencia de la persona tóxica.

Estrategia de consentimiento

Si crees que haciendo y aceptando pequeñas concesiones de una persona tóxica vas a poder sacarla o limitarla en tu vida estás equivocado. Muchas veces acabamos aceptando algo que no queremos, accedemos a los requerimientos de la persona tóxica pensando que estamos poniendo un límite y que, si lo hacemos, no nos lo volverá a pedir y dejará por fin de presionarnos.

"Llevamos ya 5 horas en casa de mis suegros, es domingo por la tarde, me ha pedido media hora más, se la voy a dar para no discutir, aunque no es normal que todos los domingos los pasemos aquí".

"No le gusta mi falda y a mí me encanta, me voy a cambiar de ropa y así estamos en paz".

"No voy a discutir por no hacerle daño a los niños".

Pero así, precisamente, estamos consiguiendo el efecto contrario: le estamos alimentando para seguir invadiendo nuestro espacio personal. Es como un juego de ajedrez en el que los peones avanzan, van comiendo tus piezas y no hay marcha atrás. Estás reforzando el comportamiento del abuso emocional; sabe que has hecho, dicho o sentido algo que no querías, se sale con la suya y confirma que contigo le funciona y sigue avanzando en la invasión de tus límites.

Curiosamente, en muchos casos te pueden hacer sentir en deuda por algo que tú no quieres hacer, y te hacen sentir como una desagradecida o desagradecido. Un ejemplo es cuando acabas yendo de vacaciones donde quieren tus suegros por complacer a tu mujer.

"Encima que invitamos a tu marido de vacaciones nos lo agradece yendo a comer solo".

Si consientes y cedes para evitar el conflicto o por no herir a terceras personas, llega un día que de tanto permitir o aguantar ya no puedes más y reaccionas desproporcionadamente:

acabas tú como el malo de la película y le darás la oportunidad al tóxico de descalificarte por tu forma tan extraña de
reaccionar. En el caso del comentario anterior de la suegra,
puede llevar a esta situación por parte de su marido.

*"No entiendo por qué se puso a gritar mi mujer cuando
le pedí que se quedara un poco más con mis padres, fue
una grosera con ellos, todos los domingos nos invitan a
comer. Se está volviendo muy desequilibrada".*

Estrategia del ataque

Si desde un principio atacas a la persona dañina, también se
ha salido con la suya; que te vuelvas agresivo. Has cedido a su
provocación, has consentido que te haga responder con agre-
sividad, era lo que quería. Has reaccionado como un energúmeno y, además de la frustración de saber que has sido mani-
pulado, has sacado una faceta de ti que ni reconocías. Es muy
parecido a cómo reaccionan los perros cuando los acorralas y
los atacas, hasta la más dulce de las mascotas acaba compor-
tándose como un perro rabioso.

La mayoría de los abusos emocionales empiezan de manera gradual. Si desde el principio estableces los límites de forma sutil, evitarás grandes conflictos y sufrimientos futuros.
Con este tipo de gente, ganar una batalla te hará prevenir una
gran guerra. Si puedes utilizar el sentido del humor, hazlo. Si el
tóxico, después de atacarte y de que tú le pongas las cosas
en su sitio, te dice que era una broma, respóndele que lo tuyo
también. Poner límites a esa persona le dejará claro que no va
a salirse con la suya, al menos no contigo, y buscará otra víctima o, mejor dicho, otra persona que le dará la llave para entrar en su vida.

MODUS OPERANDI
DE LA PERSONA TÓXICA

QUIERO ALGO

PERFILES DE PERSONALIDAD DE LAS PERSONAS TÓXICAS

Ahora ponte el sombrero y la lupa de Sherlock Holmes, porque vas a saber qué hay dentro de la cabeza de una persona tóxica, en definitiva vas a descifrar el *modus operandi* y el *modus* «pensandi» de las personas tóxicas. Vas a entender cuál es su patrón de comportamiento, su forma de pensar y de actuar. Y aquí no se trata de entenderlos para cambiarlos, a estas alturas del libro, si todavía vas de redentor algo te has saltado. Se trata de que los conozcas para ponerles límites antes de que empiecen a invadirte. Recuerda que me estoy refiriendo a esterotipos de personalidades altamente tóxicas, con el fin de que sea más facil idenficar matices de este tipo de personalidad en la gente que te rodea.

Hay distintos tipos de perfiles de personalidades dependiendo de cuál sea su fin último. En el comportamiento de la mayoría de la gente altamente tóxica, yo diría venenosa e incluso letal, subyace el conseguir uno de estos tres objetivos: la búsqueda de reconocimiento, de poder o de control. Dependiendo de cuál de ellos busquen, será más fácil encontrarlos en un ambiente u otro. Por ejemplo, la persona que desea reconocimiento se mueve más en el medio artístico, académico o del deporte, mientras que la que quiere el poder se moverá más en el ámbito empresarial o de la política.

La búsqueda de estos objetivos no es en sí malo ni implica que la persona sea tóxica. La mayoría queremos que se reconozcan las cosas que hacemos, nos gusta tener cierto control del entorno en el que vivimos y cierto poder sobre algunos proyectos o situaciones. La cuestión está en el grado, y sobre todo el hecho de que están dispuestos a pisar tu voluntad con tal de conseguir uno de estos tres «trofeos».

El poder no necesariamente tiene que ser malo; grandes personajes de la historia han tenido poder y lo han utilizado para muchas cosas buenas. El problema surge cuando éste es desmesurado y se obtiene sin escrúpulos de ningún tipo, volviéndose un medio para saciar otra necesidad. La mayoría nos vamos a encontrar alguna vez en la vida con este tipo de personas, y si no estamos prevenidos nos pueden acabar dañando. Por eso, conocer este tipo de perfiles te va a ayudar a marcar distancias prudenciales. No quiero teñir tu realidad de negatividad, no se trata de ser mal pensado, ya que la mayoría de las personas no son así, pero detectar esta clase de gente a tiempo es tu salvoconducto para disfrutar tu vida. Es como si viajas a una playa paradisiaca del Caribe y no te advierten sobre el riesgo de tiburones y de cómo reconocerlos.

Antes de pasar a describir los principales tres objetivos que hay detrás de una persona tóxica, merece la pena mencionar que hay gente que no son perfiles completamente puros y tienen ingredientes o rasgos de los tres.

El «presumeitor» tóxico que busca reconocimiento

Para aquellos premios Nobel que dedicaron su vida a descubrir curas, tecnologías o deleitarnos con su arte, el reconocimiento es algo que viene con el trabajo realizado y se agradece. El problema es aquella persona a la que solo le mueve el reconocimiento.

Este tipo de individuos tienen un componente narcisista, necesitan ser reconocidos constantemente, buscan la aprobación y su valor como personas está basado en eso. Detrás de esa clase de perfiles hay alguien inseguro con una muy baja autoestima. Compiten constantemente aunque sea por las cosas más pequeñas, tienen poco sentido del humor y si realizan un trabajo en equipo siempre se encargan de puntualizar qué parte hicieron personalmente. Si hay una discusión estará más pendiente en que se sepa que él tuvo razón que en solucionar el problema, y si le dices comentarios positivos y uno no tan positivo, solo recordará el negativo.

En el trabajo, es el típico colega que se atribuye el mérito de algo que han hecho entre todos y lo utiliza para subir en la escala laboral, me refiero al bien conocido «trepador». Es un pozo sin fondo en el que nada será suficiente para saciar esa ansia de reconocimiento, porque en el fondo lo que esa persona tiene es una inseguridad total y una baja autoestima.

"Gracias a mí conseguimos esto".

"Llegamos a la solución porque yo le di la información".

Curiosamente, cuando esta persona consigue ese reconocimiento no tiene la capacidad de discernir qué parte se debe a él y qué parte no. Es la típica persona que dice «yo llegué solo», cuando la realidad es que raramente algo lo puedes conseguir solo y menos en proyectos laborales.

"Al final, gracias a mi trabajo duro he conseguido que este proyecto saliera a flote".

El «podereitor» tóxico que busca poder

Con un gran poder viene una gran responsabilidad y personas poderosas como, por ejemplo, Nelson Mandela, consiguieron muchas objetivos por el bien común. El problema surge cuando el poder se vuelve un fin. Detrás de la búsqueda del poder del tóxico se encuentra a necesidad de controlar de alguna manera, de hacer suyas las vidas de otras personas, pero siendo a la vez reconocidos por ello.

Este tipo de individuos pueden acabar fácilmente como directivos de una gran empresa o en puestos de poder. Más allá de la imagen que dan de seguros de sí mismos, hay un gran complejo de inferioridad, una persona dañada que ve el poder como una manera de redimirse o vengarse por lo que han sufrido.

En ellos la soberbia es una característica muy importante, y sus reglas o valores no buscan más que saciar esas ansias de poder. Llevado al extremo, les gusta saber que tu vida depende de ellos, y toda la información que les des sobre ti, como la gente que quieres o las cosas que más te gustan, la utilizará para aprovecharse de ellas o usarlas como moneda de cambio para conseguir sus objetivos. Su problema es que les mueve un dolor interno que realmente no se cura consiguiendo más poder, sino encontrando y resolviendo la causa de esa búsqueda enfermiza.

"Gracias a mí estás en ese puesto".

"Recuerda quién te puso donde estás,
porque también te puedo quitar".

"Yo te apoyé y ahora me tienes que apoyar tú".

Uno de los personajes que más claramente refleja este tipo de perfil y es llevado al extremo, es el que hace Kevin Spacey en *House of Cards*. Curiosa y desgraciadamente, un personaje así se ha vuelto el modelo y el «ídolo a seguir» de muchas personas, quienes anteponen la inteligencia y sangre fría a los principios y valores.

El «controleitor» tóxico que busca control

Este tipo de persona es a la que más nos enfrentamos. El «controleitor» busca controlar todas las situaciones a su alrededor y, al contrario que el «podereitor», no tiene necesidad de reconocimiento mientras que sepa que las cosas están bajo su control. Todo tiene que hacerse como él dice, indirecta o directamente. Las personas que están controladas por este tipo de tóxico muchas veces no son conscientes. Sus reacciones ya son automáticas, se sienten culpables si no incluyen al controlador en una conversación o no lo invitan a un evento. Por ejemplo, la típica madre que si le cuentas algo a tu padre y a ella no se siente traicionada, pues todo lo que se hace en su entorno tiene que ser supervisado por ella.

También prefieren crear conflictos antes que perder el control. Suelen utilizar la técnica de las alianzas: en vez de juntar a todos los amigos o a la familia para hablar de un tema, prefieren crear bandos y, cuando hay una diferencia de opiniones lo tienen claro, o estás conmigo o estás contra mí. Si tomas la segunda opción claramente los has traicionado. Este tipo de personas crean fácilmente divisiones entre las amistades, colegas o familiares, ¡a río revuelto ganancia de «controladores»!

Tras ellos se oculta el gran temor al abandono o no sentirse queridos o reconocidos y, llevado al extremo, son capaces de dañar a los suyos con tal de no perder el control. Por ejemplo, esos padres que ante cualquier señal de cariño de un hijo hacia la pareja u otro miembro de la familia hacen que éste se sienta mal.

"¿Se lo contaste a tu madre y a mí no? Pensé que le decías todo a tu padre?".

"Tu hermano te confesó eso y tú no se lo dijiste a tu madre".

"Pues a mí no me das tantos besos como a tu madre cuando me ves".

O la pareja que ante algo nuevo o que desconoce le reclaman el derecho de conocer todos los detalles de su vida.

"¿Cómo es que nunca me habías hablado de ese compañero de la facultad? ¿Por qué lo escondiste? ¿No decías que confiabas en mí?".

Si un «controleitor» te dice eso, en vez de sentirte culpable confiésale la verdad; que no se lo dijiste porque ya no significa nada y es parte del pasado, por lo que no querías comentárselo. No solo no te sentirás culpable, sino que retomarás el derecho de tener vida privada; en una relación de pareja hay que dejar claro que el pasado no les pertenece y que:

"Lo que no fue tu año no fue tu daño".

Otro caso típico es la amiga que se siente mal por el hecho de querer salir con otro círculo de amigas y no haber invitado a la amiga con que frecuentemente sale. Posteriormente se encuentra un comentario como:

"Ya vi que fuiste sin mí, espero que lo hayas disfrutado".

"Es curioso como una amiga te sustituye tan fácilmente".

Con las redes sociales, este tipo de personas han adquirido más poder, tienen mayor información sobre ti y pueden conocer tus movimientos a través de ti o de terceras personas con las que compartes momentos.

Si te da miedo poner en tus redes sociales una foto de una cena o una comida por temor a que te reclame un amigo o una amiga el no invitarle, probablemente ya estás bajo el yugo de un controlador. Tú puedes quedar con quien quieras sin pedir permiso a nadie. Si sientes que un amigo o amiga, más que compartir en las redes, te quiere controlar, háblalo con él o ella, y si no entiende es tan fácil como restringirle el acceso a tu vida, sin tener la sensación de que escondes nada. Tú tienes el derecho de compartir tus momentos con quien quieras y como quieras, no des a nadie este poder.

El control también puede ser ejercido por otros miembros de la familia utilizando el victimismo. Por ejemplo, esta técnica es utilizada por algunos abuelos y abuelas que se victimizan con los nietos para conseguir cosas de sus padres. Usan frases como:

"Tus padres no quieren que vaya en Navidad".

"Me encantaría verte, pero tu madre no quiere".

Muchos hemos vivido esas situaciones que, sin darnos cuenta, envenenan el ambiente familiar, utilizando a los más vulnerables de la casa: los niños. Algo tan sencillo como llamar a un hijo o hija y decirle que desea pasar la tarde con ellos y con su nieto, lo trasforman en un engranaje de conspiraciones en la que el niño sufre y aprende modelos de relaciones nocivas para el resto de su vida. Muchos de esos abuelos que la hacen ahora de víctimas, fueron padres autoritarios que utilizaban el miedo o la imposición. Cambiaron de estrategia, pero el objetivo sigue siendo el mismo: manipular.

Estas personas no se reconocen como tóxicas, incluso creen que la manera normal de relacionarse con las personas es esta. Es una forma de pensar que han adquirido de sus padres y siempre creyeron que estaba bien.

"Mis padres se contaban todo entre ellos".

"Hijo, no entiendo por qué te has enfadado conmigo, solo le dije a tu madre que tenías novia".

Cómo «tú haces crecer» a los tóxicos

Una de las municiones que damos a las personas altamente tóxicas es nuestra incredulidad. Se esconden bajo ella y es que, efectivamente, la mayoría nos negamos a reconocer que este tipo de personas tienen el poder de apoderarse de nuestras vidas. El problema es que hasta que las desenmascaramos, el precio emocional puede salirnos muy caro, ya que cuando alguien se comporta de una manera que no puedes entender, piensas que no es posible que haya gente así.

Son excesivamente comprensivos con ellos mismos, sufren mucho sus propias vivencias, mientras que tienen una ausencia de empatía con los demás.

"Tú no sabes lo que he sufrido yo, la cantidad de gente que me ha decepcionado en la vida".

Esto hace que no tengan ningún remordimiento por mal que te hagan sentir. Créeme, ni frío ni calor, les da igual, no se pondrán en tu lugar, y si les reclamas reaccionarán con la estrategia que más les convenga o funcione porque, no lo dudes, la han elegido observándote a ti y tus reacciones. Si eres así no tienes que cambiar, pero sí crear un filtro para detectar este tipo de gente abusiva.

Aquí te paso los aspectos clave en los que la persona tóxica se fija para conseguir lo que quiere.

No saber decir «no»

Las personas que no saben decir «no» temen el conflicto, tienen un exceso de empatía, se ponen demasiado en el lugar del otro para pasar ellos a segundo plano y les cuesta anteponer sus necesidades a las de los otros. Si eres así y te encuentras con una persona tóxica, ésta te «come». Si eres de los que constantemente dice estas frases y la realidad es que te gustaría decir no, puedes hacerte facilmente presa de un tóxico emocional.

"Luego lo hablamos".

"Déjame que lo piense".

No soportar el dolor ajeno

Hay gente que no puede aguantar el dolor ajeno, literalmente, les duele el conflicto y tratan de hacer lo que está en su mano para ayudar. Por desgracia, para el tóxico, este tipo de personas se vuelven el caldo de cultivo ideal para utilizar la estrategia del victimismo.

"No seas egoísta, hazlo por tus hijos, piensa cuánto van a sufrir si te divorcias".

SER EXCESIVAMENTE PERFECCIONISTA

Para un tóxico una persona perfeccionista es el caldo de cultivo perfecto para ejercer su control, ya que con un simple comentario como "me gusta, pero" sabe que tiene a su disposición a esa persona.

"Me encantó tu trabajo, pero creo que hay cosas que no están a tu altura".

SER EXTREMADAMENTE VULNERABLE AL HALAGO

Si un tóxico emocional sabe que adulándote te haces más vulnerable, lo va a utilizar para entrar en tu sistema. Estudiará en qué áreas estás más orgulloso, pero menos reconocido, e intentará conectar contigo precisamente a través de eso.

"Con lo que tú sabes y lo inteligente que eres no sé qué haces trabajando para él".

ESTAR EN UN MOMENTO DE VULNERABILIDAD EMOCIONAL

Hay situaciones en la vida que te vuelven más frágil, es como si te costará mantenerte en pie y te tambaleas emocionalmente. Momentos como la muerte de un ser querido o una ruptura de pareja te vuelven más propenso a agarrarte a cualquiera con tal de no caer. Sin darte cuenta te empiezas a apoyar en alguien que te ayuda, en la mayoría de los casos pasada la etapa de duelo vuelves a recuperar tu autoestima y la relación con la persona que te ayudó es sana. Pero hay un tipo de gente tóxica que va de redentora que es muy peligrosa. Su objetivo es que te apoyes en ellos en ese momento difícil para después controlar tu vida. De repente toma decisiones por ti o acabas haciendo de tu vida lo que esa persona quiere. Sin querer puedes acabar volviéndote su pareja aunque no lo ames. En el caso de una madre que te ayudó con tus hijos en tu divorcio, puede acabar imponiendo la educación de tus hijos o cuestionándote cosas sobre tu vida íntima u opinando como cuando eras adolescente. La persona tóxica va a utilizar, sobre todo, el sentimiento de deuda que tienes para impedir que vivas tu vida tal como tú quieres.

"Yo te saqué del hoyo cuando murió tu madre, te di, ahora me dices que no me necesitas, eres una desagradecida, me utilizaste".

"Nunca supo amarte como te mereces, nunca te protegió, yo te trataré como te mereces".

"¿Así me agradeces que te ayudara cuando tu marido te dejó en la calle con tus hijos? ¿Diciéndome que no opine sobre eso? Qué desagradecida eres, hija mía".

Merece la pena reflexionar que muchas de las personas que caen en las sectas son captadas en momentos de gran vulnerabilidad emocional. Luchando contra una adicción o hundidos emocionalmente. Las sectas saben que ese es el momento para apoderarse de la vida de esas personas y hacerles dependientes. Después, superada la adicción, se les hará muy difícil salir de ella. Definitivamente muchos tóxicos que van de redentores son como una micro secta.

EL ANTÍDOTO PARA LA TOXICIDAD EMOCIONAL

¿Sabes cuál es el mejor antídoto para la gente, las ideas y los ambientes tóxicos? La respuesta eres tú. Y cuando digo «tú» me refiero a que está en ti, en tu autoestima y en tu valentía. Ya sabes que la autoestima es la valoración interna que cada uno hacemos de nosotros mismos. Alguien que tiene una autoestima adecuada filtra todo a través de sus valores, sus preferencias y las decisiones que toma son coherentes con su ser. Una vez que ya lo tienes claro, tienes que ser valiente y fuerte para decir «estás invadiendo mi espacio emocional». Detrás de una persona que se deja manipular puede haber una falta de consciencia de que está siendo manipulada ¡aunque con este libro ya no podrá poner esa excusa!, pero sobre todo hay un temor a la pérdida, al abandono, al rechazo o a la crítica y el tóxico se agarrará a ese miedo.

El punto de entrada de mayor toxicidad emocional será la faceta más débil de nuestra autoestima. Dicen que somos tan fuertes como nuestro eslabón más débil, y eso es justamente lo que busca la persona nociva. Una pareja tóxica ejercerá el chantaje emocional sobre nosotros y condicionará su cariño a cambio de otras cosas, o jugará con dejarnos si no hacemos lo que quiere. Otro ejemplo: en el caso de la amistad nos obligará a ceder ante situaciones de presión social e incluso nos pondrá entre la espada y la pared para que decidamos entre unas actividades y otras o entre unas amistades u otras. La amenaza ante una negativa puede ser la ruptura de la relación. En todas estas situaciones, la vulnerabilidad está muy clara: el miedo al abandono o a estar solos. La persona tóxica lo utilizará como punto de presión con el fin de que nos movamos hacia la dirección que quiere. Si nuestra autoestima emocional fuera fuerte ante cualquier tipo de presión, no cederíamos e intentaríamos negociar siempre una solución que fuera buena para ambos.

En el entorno laboral pasa algo parecido. Si eres una mujer con una autoestima intelectual baja, aunque hayas sido brillante academicamente, siempre vas a estar pensando en aquello que te falta y no en aquello que tienes. Pasa frecuentemente en mujeres profesionales de mandos intermedios que, por mucho que sepan, van a obsesionarse con aquellas cosas que no saben. Cuando llegan a un trabajo, si un jefe o colega tóxicos identifican esa vulnerabilidad, podrán disponer casi de un esclavo. ¿Cómo? Al entregar, por ejemplo, un trabajo muy bien hecho. La persona nociva le dirá que está bien, que le gusta, pero que falta alguna cosa. Una persona con una autoestima adecuada lo va a ver como un espacio de mejora, pero no se obsesionará; mientras que una con una autoestima intelectual baja pensará que no lo hizo tan bien como se esperaba de ella, dando poder sobre su vida a alguien ajeno a ella.

Si tu autoestima es baja, una persona sana te va a ayudar a fortalecerla, pero una tóxica lo aprovechará para debilitar aún más tu autoestima y apoderarse de ti; eso sí, con tu permiso.

Si volvemos al principio del libro, a todo aquello que hablábamos de cómo impactaban la gente y los ambientes tóxicos, la mejor manera de enfrentarnos a gente dañina es con una autovaloración fuerte de nosotros mismos.

Si cuando eras niño recibiste ataques, menosprecios o chantajes emocionales, puede que tu autoestima esté debilitada.

Si esto es así, es recomendable que te pongas en manos de un psicólogo para que te ayude a reforzar la valoración positiva sobre ti mismo, y no te conviertas en el blanco de los chantajistas emocionales. Una infancia con carencias económicas no es un predictor de infelicidad cuando se es adulto, pero los maltratos emocionales sí lo son. Grandes personalidades, grandes genios con una capacidad extraordinaria en el arte o la ciencia han tenido vidas desgraciadas. Ni el talento, ni el dinero ni la dedicación a lo que es tu pasión puedes llegar a disfrutarlo si no te valoras como ser humano. Si tu autoestima es tan baja que eres incapaz de poner límites a abusos de otra persona, te vuelves presa fácil de cualquiera. Aunque lo cierto es que, ante el ataque de una persona letalmente tóxica, la mayoría tenemos un punto de vulnerabilidad.

Afortunadamente, este tipo de individuos no son la mayoría, pero enfrentarnos a ellos es una batalla dura. Son como grandes infecciones que aunque pueden ser vencidas pueden dejar profundas secuelas si no son superadas adecuadamente. La clave es fortalecer nuestro sistema inmune emocional para que podamos disfrutar de la vida sin las pequeñas amenazas que están en el camino. Que tu pareja te deje por otra persona puede debilitar tu autoestima emocional. Probablemente sientas que no eres lo suficiente y que no te mereces ser querido y caigas en una dinámica de relaciones en la que le das el poder a tus parejas con tal de que no te dejen. O si la vida te golpeó con un revés en los negocios, de ser una persona segura de sí misma que se sentía capaz de cualquier reto laboral, pasarás a ser una que desarrolle el trabajo con ansiedad por haber fracasado. Por eso te recuerdo que tener la fortaleza de pedir ayuda al psicólogo puede ser uno de los actos de sabiduría más grandes que puedas llevar a cabo.

Proporcionándote herramientas para fortalecer esa autoestima dañada o ayudándote a superar un evento doloroso para que no se vuelva un trauma de por vida.

AUTOESTIMA ADECUADA

AMBIENTES TÓXICOS

TRABAJO TÓXICO

AMIGOS TÓXICOS

PAREJA TÓXICA

PADRES TÓXICOS

YO
FUERTE

En la lucha contra la toxicidad hay un antes y un después que se produce en el momento en que alguien te lee tus derechos. «Tiene el derecho a guardar silencio. Cualquier cosa que diga puede y será usada en su contra por el tóxico de turno. Tiene el derecho de hablar con un psicólogo. Si no puede pagar uno se le asignará uno de oficio».¡Es broma! No me refiero a la ley Miranda, me refiero a los derechos básicos que tiene todo individuo por el hecho de ser un ser humano. ¿Te parece obvio? Entonces, ¿conoces tus derechos? Para muchos esto es evidente, lo que ocurre es que la mayoría no los tenemos en mente cuando nos dejamos manipular, ningunear, intoxicar o llevar donde no queríamos ir. ¿Por qué? Porque no éramos conscientes de que estábamos saltándonos nuestros derechos y dejando que otros los pisotearan.

Si sabemos que tenemos derecho a algo, nuestra actitud y conducta cambian. Aunque pueda parecer algo obvio, mucha gente no defiende sus derechos porque no los conoce o no se los termina de creer. No sabe que tiene unos derechos emocionales y basta ser consciente de ellos para empezar a defenderlos. Por eso merece la pena que los conozcas. Jakubowski y Lange apoyan su teoría sobre la asertividad, la cual, básicamente, consiste en defender los propios derechos sin violar los de los demás.

Tus derechos emocionales

Tienes derecho a:

- Hacer lo que quieras mientras no violes los derechos de otros.
- Ser tratado con respeto y dignidad.
- Decir no sin sentirte culpable.
- Sentir y expresar tus propias emociones.
- Tomarte tu tiempo y pensar antes de actuar.
- Cambiar de opinión.
- Pedir lo que quieres (y los demás tienen derecho a negártelo, claro).
- Hacer menos de lo que humanamente eres capaz de hacer.
- Ser independiente.
- Decidir qué hacer con tu cuerpo, tiempo y propiedad.
- Pedir información.
- Cometer errores (y responsabilizarte de ellos, claro).
- Sentirte a gusto contigo mismo.
- Tener tus propias necesidades, solicitar ayuda para satisfacerlas y decidir si satisfaces las de los demás.
- Tener y expresar opiniones.
- Decidir si cumples las expectativas de otros o sigues tu propio camino o interés.
- Hablar y aclarar los problemas con las personas involucradas.
- Obtener aquello por lo que pagas.
- Elegir comportarte de manera no asertiva o poco habilidosa socialmente.
- Tener derechos y defenderlos.
- Ser escuchado y tomado en serio.
- Estar solo cuando así lo quieras.

... y una importante obligación:

- Ser responsable de tus decisiones.

Defender tus derechos es una obligación, pero también una habilidad muy útil en todos los ambientes tóxicos en los que te muevas. Te ayudará a mantenerte firme y si los tienes claros, no dejarás que te desvíen de los objetivos que tienes en la vida o que renuncies a ellos.

4.3 Cómo desintoxicarse emocionalmente

Seguro que ya reconociste qué ideas erróneas tienes arraigadas, y qué gente y qué dinámicas te están intoxicando emocionalmente. A lo largo de la lectura de este libro te has encontrado con algunas situaciones que has vivido en carne propia y te has dado cuenta de cómo dañaron tu vida. Ser consciente también te coloca en una situación difícil, que es la de tomar decisiones y tener el valor de actuar. Algunas van a ser sencillas y consisten en cambiar un hábito que ni te molesta, y otras van a ser muy difíciles al implicar cambios más drásticos, los cuales incluyen alejarte de cosas y personas que quieres.

Ahora viene el gran reto que es pasar a la acción, reconocido el problema no podemos dar marcha atrás. Algunos activamos el mecanismo de autodefensa y, ante la dificultad que implica lidiar con ello, vamos a tener una conducta de evasión o intentaremos posponer tomar las medidas necesarias para no enfrentarnos con el problema. En definitiva, vamos a procrastinar dejando que aquellas personas y ambientes que nos dañan tomen cada vez más nuestro territorio emocional.

Al igual que para tener una jardín maravilloso no necesitas ser botánico o biólogo ni conocer el proceso de la fotosíntesis, tampoco necesitas conocer todas la teorías de la toxicidad emocional para hacer los cambios necesarios. Lo primero que debes de hacer es una auditoría de tus relaciones. ¿Te acuerdas del dibujo que hiciste al principio del libro? Pues ahora tómate el tiempo para colocar dentro de la imagen que tienes en la página número 235 a cada uno de ellos. Con todo lo que has aprendido ya sabrás que tan nutritivos y qué tan tóxicos son y, probablemente, qué decisiones tomar.

La clasificación que ves va de un extremo al otro del espectro humano. En el lado izquierdo se encuentra la gente considerada letal; ya sabes que este tipo de personas, afortunadamente, son una minoría, pero pueden hacer un gran daño. Incluso muchos de ellos pueden alcanzar el grado de sociópatas o padecer de un trastorno de la personalidad. Son difíciles de desenmascarar, mienten si tienen que mentir, lloran si tienen que llorar, te dicen "te amo" si es necesario, amenazan con hacer daño o hacerse daño y no tienen ningún tipo de escrúpulos. Ponen tu vida patas arriba y pueden acabar destrozándola, desde meterte en un problema financiero que te lleve a la ruina, hasta acabar creando un vínculo tan fuerte contigo que manipulen toda tu vida. La mayoría no se siente culpable, y valores humanos como el perdón, el cariño o la bondad, lo percibe como una señal de debilidad o de poca inteligencia.

Después tienes a las personas tóxicas. Algunas pueden estar cerca de los letales y otras actúan como las picaduras de mosquitos: no tienen grandes consecuencias, pero si hay mucha de esta gente alrededor puede hacerse extremadamente molesto o incluso puedes llegar a sufrir mucho emocionalmente. Recuerda que mucha de la gente tóxica que te rodea te puede querer mucho, sacarlas de tu vida no tiene por qué ser la solución. Aquí lo ideal no es sacar a esta persona tóxica de tu vida para que no te haga daño, sino quitarle el poder que le das de hacerte sufrir.

La gente molesta no siempre es nociva; en cada caso hay que valorar qué es lo que te incomoda de ellos. Muchos de los que consideras así lo parecen porque su forma de ver la vida o sus valores son muy distintos a los tuyos. Retan tus ideas, tus pensamientos, te sacan de tu zona de confort e incluso te pueden hacer romper con planteamientos erróneos sobre tu realidad. Dependiendo del tipo de relación o personalidad, la gente molesta puede ser positiva en tu vida o destructiva, pero solo tú lo puedes valorar. Si son personas tramposas o tienen una forma de tratarte muy grosera, probablemente solo será necesario que las limites en tu vida. Pero si te retan en el trabajo y te cuestionan cosas que te hacen superarte, esas personas serán una influencia positiva.

Los individuos que coloques en la parte derecha van a enriquecerte de distintas formas. Puedes considerarlos agradables porque te regalan buenos momentos y, aunque que no te aporten o enriquezcan tanto, te hacen la existencia más bonita. Puede ser desde el camarero de la cafetería del barrio que te da la bienvenida con una sonrisa todas las mañanas y le pone cariño al servirte el café justo a la temperatura y la cantidad de leche que a ti te gusta, como ese compañero de oficina con el que de vez en cuando compartes mesa en el comedor.

Luego está la gente que te nutre y enriquece. Aportan cosas buenas, te ayudan a crecer o te rodean de cariño, lo ideal sería que la mayoría de las personas que te rodean fueran nutritivas. Eso no quiere decir que te nutran en todos los aspectos de tu vida, eso nadie lo puede hacer, lo ideal es que estemos rodeados de gente nutritiva que te enriquezcan de distintas maneras: intelectual, afectiva, espiritual, etc.

Por último, están aquellas que te iluminan, los llamados "iluminavidas". Este tipo de personas no son tan frecuentes, son como ángeles reales, pueden cambiar la dirección de tu vida muy positivamente. Son personas a las que, gracias a ellos, tu destino dió un gran giro positivo en tu vida y eres mejor persona. Algunos te rescataron cuando te estabas hundiendo, otros creyeron en ti cuando nadie lo hacía y te dieron esa fuerza que te faltaba para atreverte a hacer las cosas.

Una vez que acabes, míralo. Aléjate incluso un poco, lo ideal es que la mayoría de la gente esté en el lado derecho, si no es así, ¡Houston tenemos otro problema! Afortunadamente, tienes herramientas para sacarlos de tu vida o poner los límites emocionales para que no puedan dañar la tuya.

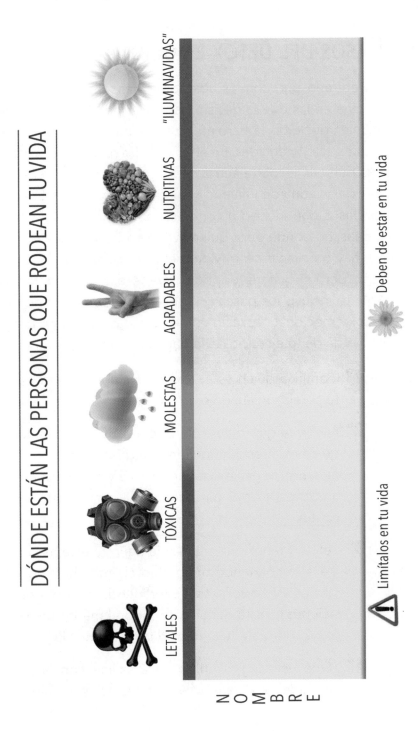

DÓNDE ESTÁN LAS PERSONAS QUE RODEAN TU VIDA

LETALES · TÓXICAS · MOLESTAS · AGRADABLES · NUTRITIVAS · "ILUMINAVIDAS"

NOMBRE

Limítalos en tu vida

Deben de estar en tu vida

Pasos del detox emocional

Al contrario que con las adicciones a sustancias, como a la heroína en las que la decisión de dejar de tomarla es tuya y, una vez decidido la heroína no tiene pies, ni meterse en tu sistema si tú lo decides. En el caso de las relaciones tóxicas, la otra persona es parte activa de tu malestar y no te va a dejar salir de su zona de influencia tóxica tan fácilmente. Si aplicas los pasos que incluyo a continuación llevarás tu vida donde deseas, no donde otros quieren. Teniendo claro que no siempre hay que sacar de tu vida a alguien para que no te haga daño pero sí quitarle el poder que le das de hacerte sufrir. Aquí te incluyo los pasos o también el plan de acción de tu detox emocional. Aplícalo con la gente que está en la parte izquierda de tu ejercicio de la página anterior.

1° Identifica quién es el tóxico emocional: es tu padre, tu pareja, un amigo o un colega o tu entorno laboral.

2° Averigua qué quiere de ti, qué busca exactamente: quiere tu atención, quiere controlarte porque es demasiado celoso e inseguro o quiere aprovecharse de tu conocimiento para conseguir un ascenso en tu contra.

3° Define y reflexiona sobre qué daño te está haciendo: ¿te está coartando tu libertad al límite hasta que te sientes asfixiado?, ¿está interfiriendo en todas tus relaciones?, ¿está quitándote todo el mérito de tu trabajo?, ¿te quita tu credibilidad?, ¿te humilla?

4° ¿Qué estrategias utiliza para salirse con la suya?: el miedo, la amenaza, el victimismo, la humillación, te quita el crédito, pone en duda tu credibilidad, te ridiculiza, te soborna económicamente o amenaza con poner en peligro algo que quieres. Analízalo bien, seguro que te habrás dado cuenta de que ha usado distintas tácticas hasta que una le ha funcionado.

5° Cuál es tu punto de vulnerabilidad, que le das tú para otorgar ese poder a la persona. Y aquí está la clave, de alguna manera estás dándole la leña al chantajista para que se haga un buen fuego y empice su estrategia de ataque. Ahí donde le funciona, donde te duele, es donde va a poner la presión. Te amenaza, te delata, se victimiza, te halaga, te hace sentir culpable. Piensa cual de estas estrategias la persona tóxica sabe que funciona contigo y no cedas ante éstas.

6° Pon límites, no te enfades, no reproches, no des explicaciones; no le vas a abrir la entrada para hacerte daño, como los vendedores a domicilio, dile «gracias, no me interesa» y cierra tus puertas emocionales.

PASOS DEL DETOX EMOCIONAL

1° IDENTIFICA AL TÓXICO EMOCIONAL

- PADRE/MADRE
- HERMANO/HIJO
- FAMILIA POLÍTICA
- PAREJA
- AMIGO
- JEFE/COMPAÑERO
- VECINO/CONOCIDO
- RELACIONES CON DESCONOCIDOS

2° QUÉ QUIERE DE TI

- TU ATENCIÓN
- QUE NO LO DEJE DE QUERER
- CONTROLARTE
- QUE ABANDONES TU OBJETIVO
- LLEVARSE TU CRÉDITO
- QUE NO LO ABANDONES
- ANULARTE
- SENTIRSE SUPERIOR ESTATUS/PODER
- APROVECHARSE DE TI
- MENTIRTE
- HACERTE SENTIR MAL
- QUE HAGAS ALGO POR ÉL

3° DAÑO QUE TE ESTÁ HACIENDO

- PÉRDIDA DE BIENES MATERIALES
- IMPIDE TU CRECIMIENTO PROFESIONAL
- DEJAS DE CREER EN TI MISMO
- TE ALEJA DE GENTE QUE QUIERES
- TE HACE SENTIR MENOS
- TE DESEQUILIBRA EMOCIONALMENTE
- INTERFIERE EN TU PROYECTO DE VIDA
- TE QUITA LA LIBERTAD

4° ESTRATEGIA PARA HACERTE DAÑO

- SE VICTIMIZA
- MIENTE
- MANIPULA
- TE UTILIZA
- AMENAZA
- TE HACE SENTIR MIEDO

5° TU PUNTO DE VULNERABILIDAD

- TE SIENTES CULPABLE
- NO SABES DECIR "NO"
- NO SOPORTAS EL DOLOR AJENO
- SER EXCESIVAMENTE PERFECCIONISTA
- SER VULNERABLE AL HALAGO
- DESEQUILIBRIO EMOCIONAL
- MIEDO A PERDER ALGO
- MIEDO A LA SOLEDAD
- MIEDO A DECEPCIONAR

6° LÍMITES QUE VAS A PONER

- ESTABLECER REGLAS DE CONVIVENCIA
- DELIMITAR TUS ESPACIOS PROPIOS
- EXPRESAR EDUCADAMENTE TUS NECESIDADES
- "GRACIAS PERO"
- PARAR TODO TIPO DE OFENSAS
- ACEPTAS OPINIONES, PERO TÚ TOMAS LAS DECISIONES SOBRE TU VIDA
- NO ACEPTAR UNA SITUACIÓN DE INJUSTICIA
- SER ASERTIVO, **NUNCA** AGRESIVO

Te pongo un ejemplo práctico. En ocasiones una misma persona te está causando toxicidad a varios bandos y tendrás que repetir el ejemplo con cada estrategia tóxica.

El jefe de Adriana, encima de que hace que salga siempre tarde del trabajo por su propia falta de organización, le escribe mensajes, correos e incluso ahora "whatsapps" pidiéndole que le haga presentaciones urgentes. También hace que vaya los sábados a trabajar. Adriana estaba encantada con su trabajo, pero ya no lo soporta y se está deprimiendo mucho.

1° Toxico emocional: jefe.

2° ¿Qué quiere de ti? Que hagas trabajo extra.

3° Daño: está invadiendo tu vida personal, a las diez tienes que acostar a tu hijo y hacer el trabajo.

4° Estrategia: amenaza con que no te va a dar un ascenso porque te falta motivación y no lo das todo por el trabajo.

5° Punto de vulnerabilidad: sabe que te encanta lo que haces y que quieres ascender a director de proyecto.

6° Límites: bloquea tu Whatsapp y dile al principio del día a la hora a la que sales.

Podría seguir hablando sobre la toxicidad emocional y sobre los tipos de tóxicos, pero eso no te va a dar más municiones para acabar con ella. La clave es que interiorices que tienes un espacio emocional que solo a ti te pertenece y unos derechos emocionales. No hay libro ni persona que pueda hacer esto por ti, los textos, los psicólogos, gente querida te puede ayudar, pero el cambio solo se va a dar en tu vida si del estado de consciencia pasas a la acción. Lo importante no es lo que sabes, sino lo que haces con ese conocimiento. Y con lo que has leído aquí es suficiente para saber el grado de toxicidad de tu vida y como ponerle un alto.

No es fácil, lo ideal es que empieces con gente que no tenga una gran toxicidad emocional, con ellos será relativamente fácil hacerlo. Después tienes que preparte para afrontar retos mayores, no corras, tómate tu tiempo. Disfrutarás al reconocer que muchas de las estrategias que lleva utilizando tanto tiempo contigo son las descritas en el libro. Después habrá que pasar a la acción y te sorprenderás como con muchas situaciones, cuando recuperas tu espacio emocional perdido, todo se re acomoda, incluso tu relación mejora. En otros descubrirás la verdadera naturaleza de esa persona y te alegrarás de estar lejos de ella.

Te darás cuenta que en cuanto empiezas a aplicar estos sencillos pasos, los cambios van a ser grandes. Te darás cuenta que la frase "Cómo has cambiado desde que he cambiado" se ha vuelto realidad y, sobre todo, cambiará tu realidad.

CONCLUSIÓN

Mientras que avanzamos muy rápido con las nuevas tecnologías, en el plano emocional todavía somos analfabetos.

Te parecerá que algunas de las cosas que he incluído son prácticamente de "sentido común" y no hace falta ser psicólogo para identificarlas. Es cierto, pero hasta que los psicólogos no empezaron a investigar las emociones y su fuerte relación con la salud física, mostrar las emociones era visto como una señal de debilidad y éstas se bloqueaban creando un sinfin de traumas y padecimientos psicológicos más graves.

Y así ha ocurrido siempre con las cosas de "sentido común". Por ejemplo, a principios de siglo la gente ya daba importancia a la higiene, pero hasta que el lavado de manos del personal sanitario no formó parte del protocolo hospitalario, las infecciones contagiadas por éstos a sus pacientes fueron una causa importante de muerte.

Lo que pretendo es que a partir de ahora des a la toxicidad emocional la importancia que merece y que este libro se convierta en parte de tu protocolo de salud emocional. Hacerlo te puede evitar mucho sufrimiento futuro e, incluso, puedes estar a tiempo de recuperar tu terreno emocional invadido por la gente tóxica.

Puede que este libro también te haya llevado a un lado oscuro al que te da miedo entrar. ¿Y si tú eres esa persona tóxica? Seguro que has reconocido en ti muchas cosas que los individuos nocivos hacen, sin darte cuenta puedes estar dañando emocionalmente a tu madre, a tu hijo, a tu pareja o a un colega. Si el mayor problema de la persona dañina es reconocer su toxicidad, porque solo así tendrá la voluntad de cambiar, ésta podría ser tu oportunidad para darte cuenta y cambiar tu forma de actuar y dejar de serlo.

Si tienes ya a la persona tóxica en tu vida y la ha invadido completamente, probablemente no puedas lidiar a solas con ello y necesitarás la ayuda de un psicólogo. Pero si el nivel de toxicidad en tu vida es moderado, con lo dicho en este libro, tu voluntad y valentía, puedes prácticamente acabar con ella. Una vez que has dejado de lado todo el peso depositado sobre ti por la gente tóxica, te darás cuenta de que te sientes más ligero para disfrutar de tu vida, saborearla y darte la oportunidad de centrarte en las cosas y gente «nutritivamente deliciosa» que tienes al lado.

¿Cuántas personas hay que en tu vida hicieron cosas desinteresadas por ti, que te apoyan, te cuidan y no las tienes en cuenta? Hay gente que puede destrozarte si no le pones límites, pero también hay los que pueden añadir color a tu vida, iluminarla o incluso puede salvártela. Esas personas que en un momento difícil, cuando tú ya habías perdido la esperanza, no la perdieron por ti. Ese amigo que cambió su esperada fiesta de fin de curso para quedarse contigo el día que te dejó el novio, esos que creyeron en ti, que estuvieron allí e incluso te echaron una mano para salir del hoyo o para llegar a la cima.

Desgraciadamente, muchas veces le prestamos menos atención y tiempo a la gente nutritiva y malgastamos nuestro tiempo y atención en la gente tóxica. ¿De cuántas relaciones te has distanciado y has dejado secar por no dedicarles tiempo? Mucha de esa gente no necesita ni tu reconocimiento ni agradecimiento, le basta con compartir un sorbo de su vida contigo. Tómate el tiempo de escuchar por unos minutos a alguien que te quiere en vez de mandarle un mensaje de texto. Disfruta y degusta a toda esa gente, con el simple objetivo de saborear ese momento de su vida que comparten con la tuya.

Una vez que te has quitado el lastre de todo aquello que te hizo la carga más pesada, que te quitó la energía y las fuerzas, ya no hay excusa para no cultivar y no dejar de abonar todas aquellas amistades y gente maravillosa que la gente tóxica te impidió disfrutar.

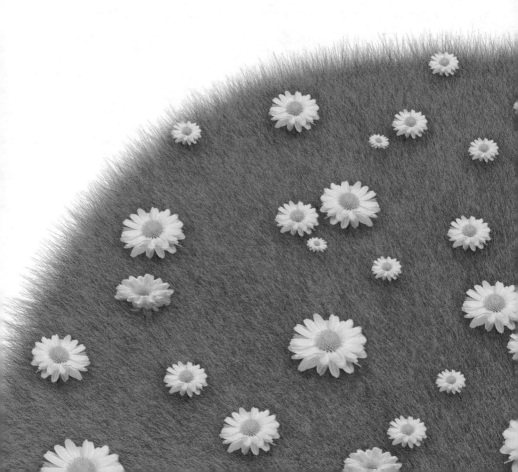

Y NUNCA OLVIDES...

No es una cuestión
de aprovechar el tiempo libre para ver
a la gente que quieres, sino hacer
tiempo libre para ella.

AGRADECIMIENTOS

Hay tantas personas a las que estoy agradecida en mi vida que tendría que escribir otro libro, pero sin las que voy a mencionar a continuación hubiera sido difícil que este libro hubiera llegado a tus manos.

Pero antes de empezar por las personas, me gustaría agradecer a cuatro lugares altamente nutritivos, que me han hecho retar mis ideas, mis gustos y reinventarme constantemente. A Madrid, Londres, la Ciudad de México y Los Ángeles, los puntos cardinales de mi vida. Su gente, sus experiencias, sus idiosincrasias me han hecho crecer como persona y como psicóloga.

A Carmen Aparicio, por nutrirme emocionalmente. Sin tus vivencias y tu conocimiento este libro no hubiera sido lo mismo. A Elizabeth Gómez, tu paciencia, tu perseverancia, me animaron a sacar una edición más nutritiva.

A Cayetana Peláez y a Risto Mejide, por llegar en el momento adecuado e iluminar mis decisiones. A mi profesor de psicología comunitaria Antonio Martín, por enseñarme a ser una rebelde con causa.